LES ORIGINES AFRICAINES

DES AVOCATS SANS FRONTIÈRE

Etudes Africaines

Collection dirigée par Denis Pryen et François Manga Akoa

Dernières parutions

Sidi Mohamed OULD BEIDY, *L'administration territoriale et le développement local en Mauritanie*, 2009.

Essé AMOUZOU, *L'influence de la culture occidentale sur les cultures africaines*, 2009.

Régine LEVRAT, *Le coton dans la zone franc depuis 1950. Un succès remis en cause*, 2009.

Jean Claude EKO'O AKOUAFANE, *La décentralisation administrative au Cameroun*, 2009.

Jean-Pacifique BALAAMO MOKELWA, *Eglises et Etat en République démocratique du Congo. Fondements juridiques et jurisprudence (1876-2006)*, 2009.

Jean Claude EKO'O AKOUAFANE, *La décentralisation administrative au Cameroun*, 2008.

Gaspard MUSABYIMANA, *Rwanda, le triomphe de la criminalité politique*, 2008.

Naba Jérémie WANGRE et Alkassoum MAIGA, *Enfants de rue en Afrique. Le cas du Burkina Faso*, 2008.

Mor FAYE, *Presse privée écrite en Afrique francophone, Enjeux démocratiques*, 2008.

Charlotte MWAMINI NAFISA, *La femme commerçante en Afrique et l'éducation des enfants. Le cas de la RDC*, 2008.

Antoine TSHITUNGU KONGOLO, *La présence belge dans les lettres congolaises*, 2008.

Bellarmin MOUTSINGA, *Les orthographes de l'oralité : poétique du roman gabonais*, 2008.

Pierre Kamé BOUOPDA, *Les émeutes du Renouveau*, 2008.

Pius NGANDU Nkashama, *Itinéraires et trajectoires : du discours littéraire à l'anthropologie*, 2008.

René-Pierre ANOUMA, *Aux origines de la nation ivoirienne 1893-1960, Vol. III : Nationalisme africain et décolonisation française 1945-1960*, 2008.

Pierre KAMBA, *Violence politique au Congo-Kinshasa*, 2008.

Hygin Didace AMBOULOU, *Le notaire et le service public*, 2008.

MAÎTRE TITINGA FRÉDÉRIC PACERE

Père Fondateur des Avocats Sans Frontière

LES ORIGINES AFRICAINES DES AVOCATS SANS FRONTIÈRE

L'Harmattan

5-7, rue de l'École-Polytechnique ; 75005 Paris

http://www.librairieharmattan.com
diffusion.harmattan@wanadoo.fr
harmattan1@wanadoo.fr

ISBN : 978-2-296-07733-1
EAN : 9782296077331

Bâtonnier Titinga Frédéric PACERE
(Burkina FASO)
Père Fondateur des AVOCATS SANS FRONTIERE

- Photos, illustrations, ouvrage,
- Photos de l'Auteur : Michel IRLINGER

*ZABYOUYA** DE MAITRE PACERE

(DEVISE)

Yaoor saa n vi
Be a nîng
Tâmpaando.

Si la Termitière vit
Qu'elle ajoute,
De la terre à la Terre.

Wil dat tobre
Be a belem
Yêgre.

Si la branche veut fleurir
Qu'elle honore
Ses racines.

Pag yûu noabga
A sên toolè
Baad sigri.

La femme a bu du prunier
sauvage
Là où elle se dirige
Est une saison pluvieuse.

« *Zabyouya* » (au singulier « *Zabyoure* », signifie, Devise, Pensée, Profession de foi et d'Engagement Social ; c'est un nom de Dignité que les Anciens du Mogho, Empire des Mossé (Burkina Faso), attribuent à une Personnalité qui accède à une Fonction Honorifique et de Commandement ; en général on attribue 3 à la personne ; le titulaire peut être interpellé par l'un quelconque des noms dominants de l'ensemble des Devises ; on privilégie en général la première Devise.

Me concernant (Me PACERE), c'est le symbole de la Termitière qui est privilégié.

DEDICACE

A

Mes Eminents Confrères et Amis, Messieurs les Bâtonniers :

- Mario STASI,
  Secrétaire Exécutif de la C.I.B.
  Ancien Bâtonnier de Paris,

- Henri GRONDIN, (Québec),
  Ancien Président de l'Union Internationale des Avocats (U.I.A.)

- Xavier MAGNEE,
  Ancien Bâtonnier de Bruxelles

- Antonio CREMADES (Madrid),
  Ancien Président de l'Union Internationale des Avocats (U.I.A.)

- SENE
  Ancien Bâtonnier du Sénégal

- A l'Union Internationale des Avocats, (U.I.A.) ;
- A la Conférence Internationale des Barreaux de Tradition Juridique Commune (C.I.B.) ;
- Au vaillant Barreau du Burkina Faso :

Merci, sous la Période Révolutionnaire du Burkina Faso, de m'avoir demandé d'aller à l'abattoir, quitte à y rester ; c'était la seule voie qui s'offrait et elle fut payante, pour éviter la suppression du Corps.

- A tous les Avocats, vivant et travaillant sous la Bannière des AVOCATS SANS
FRONTIERE de par le monde,

Je dédie le présent Ouvrage,

Pour connaissance vraie, de notre Origine.

Ouagadougou (Burkina Faso), le 24 Janvier 2009

Bâtonnier Titinga Frédéric PACERE

Père Fondateur des Avocats Sans Frontière
Avec le Bâtonnier Mario STASI (Paris).

INTRODUCTION

L'AVOCAT, surtout de notre temps, est **SANS FRONTIERE** ou, ne l'est plus.

Il est certes, les frontières dites intangibles des Etats, à diviser et cloisonner les Nations et les hommes, battues en brèche du fait de l'Economique régenté par le Politique, l'Economique qui dicte plus que jamais ses lois, les lois d'un Dieu d'airain, irréfragable, mathématique, mécanique, à souvent écraser des périphéries et laissés pour compte ;

Mais, les raisons peuvent êtres aussi autres et plus profondes.

Les hommes sont de plus en plus la proie des puissances de l'immédiateté ou du lointain, de la région qui environne ou de l'international qui s'impose.

Les Puissances des frontières ou hors les frontières, arrivent à s'imposer aux raisons et aux droits.

A cela geignent sous les Pouvoirs, les exclus d'un quart-monde de fait ou engendré, faisant décors souvent obligé, mais, dont les droits se définissent sur les échiquiers, en sous droits ou en non droits de l'officiel, d'autant plus de facilité, que, par leur nature, l'indigence ne leur laisse aucun moyen d'affirmation de leurs droits, à pouvoir lever la tête, mais, seulement, à devoir courber l'échine d'acquiescement, ou, de toujours subir, pleurer et gémir.

L'avocat, d'où qu'il soit du monde, de l'extérieur plus souvent que l'avocat de l'intérieur que la menace, la peur, peuvent annihiler dans l'action, peut apparaître comme la seule, mais, dernière et unique planche de salut.

Il s'impose de défendre **l'Avocat Sans Frontière**, défendre ses actions, contribuer à multiplier ses actions, les fructifier à couvrir le globe, mais, tout d'abord, de connaître ses vraies origines qui contribuent à réellement le connaître, le faire connaître, l'aimer, l'accompagner, le comprendre, l'appuyer.

En Afrique, on a coutume de dire :

> « Quand l'homme
> Ne sait pas d'où il vient,
> Il ne peut savoir
> Où il va ».

Notre propre raison fondée sur les Coutumes ancestrales africaines enseigne :

> « Si la Branche
> Veut fleurir,
> Qu'elle honore
> Ses racines ».

Avocats Sans Frontière, en cette année 2009, a 17 ans, fondée le 24 Janvier 1992 dans sa naissance des origines ; (il y a de nos jours, plusieurs centres d'expressions, nationales, régionales, mondiale).

C'est dans la prestigieuse Salle des Audiences Solennelles de la Cour de Cassation Belge, au Palais de Justice de Bruxelles, que ce dit 24 Janvier 1992, j'ai lancé dans la matinée, cette Association portée sur les Fonds Baptismaux par des Consciences initiées et conjuguées d'hommes et d'Institutions au sommet de la Défense.

Mais peu, de ceux qui le portèrent sur les Fonds Baptismaux ne semblent, après le lancement, avoir été impliqués, et intéressés dans la vie et le fonctionnement de cette grande Organisation.

En fait, les connaît-on, ces vrais initiateurs et acteurs de la création de **Avocats Sans Frontière** ?

A-t-on fait le minimum pour les connaître et leur rendre au moins Justice de leur initiative et de leurs efforts d'institution du Mouvement ?

Pour la grande majorité des Avocats de **Avocats Sans Frontière,** pour ne pas parler du commun des mortels, la naissance de **Avocats Sans Frontière** relève d'un mystère ; tout juste si d'aucuns ne pensent pas que cette Institution qui connaît certes de nos jours plusieurs branches, est sortie de terre EX-NIHILO par une sorte de poudre de PERLIMPIMPIM.

Pour certains Avocats, qui on essayé de comprendre, cette Institution relève d'un véritable HOLD UP contre ses réels initiateurs et artisans qui le portèrent sur, et la firent sortir des Fonds Baptismaux.

Il m'a été envoyé ces derniers jours, une dépêche faisant état d'un ouvrage sorti et diffusé en Europe, il y a un certain temps que je ne connaissais pas, attribuant la paternité de l'initiative, de la naissance, du lancement de l'Association **Avocats Sans Frontière**, à un Bâtonnier d'Europe, en Collaboration avec Monsieur Bernard Kouchner, tous, que je respecte.

Il faut néanmoins rendre à César ce qui est à César et qu'on respecte César.

Les Institutions, autant que les hommes, ont droit à la connaissance de leur origine ; ce doit être une fierté légitime de connaître ses Ancêtres géniteurs, et en être fiers quels qu'aient été ou quels que soient ces Ancêtres, de se reconnaître en ces Ancêtres, en ces vrais Ancêtres et toujours, leur rendre hommage et reconnaissance ; c'est ce qu'enseignent la Culture, la morale, de mon Peuple ; la noblesse et la grandeur des saumons, c'est de reconnaître, leur lieu et certainement pourquoi, de leur naissance.

Au-delà de mal conforts que peuvent engendrer le silence, la méconnaissance et l'oubli, il y a les vertus à s'exprimer et pouvoir engendrer des éléments de constructions objectives et salutaires de l'avenir, d'un corps qui pense à demain, d'un corps qui pense à son passé, d'un corps qui pense à son devenir.

Pour l'histoire, il y a toujours la nécessité de connaître et de disposer la vérité des commencements.

La responsabilité serait grave si le silence conduisait à l'oubli et à une absence de Justice et de reconnaissance à rendre à ceux qui, des mois durant, sinon, des années durant, auront été l'étincelle d'élaboration consciente, le levain, l'intelligence et les bras qui façonnèrent les Fonds baptismaux et le Baptême ; l'amnésie ne sert pas les peuples et leur histoire, surtout quand il s'agit de fondations.

Dans un monde marqué par la violence, l'intolérance, le désordre et les surenchères, avec pour conséquences des règlements de comptes, des exactions de Puissances du jour, et souvent à huis clos, imposant la présence de l'Avocat, même par effractions de frontières, l'institution et la mission de **AVOCATS SANS FRONTIERE** relèvent du sacré et des nécessités.

L'origine doit être connue, qui peut permettre de comprendre pourquoi, la conception et l'enfantement.

C'est pourquoi, ayant eu l'initiative réelle de jeter les assises de **Avocats Sans Frontière** et l'ayant réalisé avec le concours d'Avocats d'envergure mondiale et historique, uniquement guidé par le souci de l'homme en situation, ses droits les plus sacrés, mais en situation souvent de précarité, j'ai décidé de porter à la connaissance des **Avocats Sans Frontière** et du Public, les Origines de ces **Avocats Sans Frontière**, les documents les plus évidents en la matière et les plus nécessaires, dont l'esprit est de nature à orienter les actions du futur.

La non divulgation à ce jour de ces documents méconnus, permet toutes obscurités, nécessitant leur révélation, même après plus d'une décennie, que les **Avocats Sans Frontière** ont vu le jour.

Les lettres et écrits, sont restés réservés, au plus, ne pouvaient-ils exister qu'entre deux personnes, le Bâtonnier Mario Stasi et moi-même, dans leur intégralité.

Les documents ont souvent relevé du secret.

Il faut reconnaître qu'il pouvait y avoir plusieurs conceptions, plusieurs approches pour institution des **Avocats Sans Frontière** et plusieurs cadres souvent divergents, sinon antagonistes à pouvoir les asseoir.

Au sortir du Congrès de l'U.I.A. de Mexico, en 1991, j'ai adressé (je reviendrai là-dessus) 250 Lettres pour la création de l'association dénommée **Avocats Sans Frontière** ; trop de propositions souvent très divergentes m'ont été faites, qu'il fallait essayer de concilier ou simplement pour lesquelles, je me devais de me justifier et me faire comprendre devant le Confrère qui me saisissait.

L'Institution pouvait en effet, relever de structures internes d'Associations Internationales d'Avocats ayant fait leur preuve pour administrer une telle organisation par restructurations internes et affectation de compétences à des organes internes préexistants ; Dieu seul sait, si cette formule, moins risquée, en raison de tutelle faisant parasol ou parapluie, était alléchante et bien partagée ; mais, l'idée pouvait aussi être une Institution autonome d'Avocats, indépendante de toutes autres structures ; il s'agit ici d'innover, sinon, d'inventer, avec toutes les incertitudes possibles du lendemain à prévoir, à prévenir, à assumer en responsable .

L'assiette de composition était sujette aussi à débats ; certains préféraient par exemple dès le départ, un rassemblement de composants existants, à risquer de créer un conglomérat de compétences certaines, mais disparates, par exemple plutôt, une **« Association de Juristes Sans Frontières »**, ou une **« Association d'Avocats et de Juristes Sans Frontières ».** Le débat ici, comme cela peut relever de l'évidence, peut aller à l'infini car, entre autre pour simplification et compréhension du débat, qui peut être déclaré juriste et faire partie de l'Association, mais en réalité qui peut, ne pas être Juriste et en être écarté ? Est-ce que la spécificité néanmoins existante de l'Avocat pourra s'y retrouver ici et réellement s'exprimer dans une telle ouverture d'organisme à s'étendre à l'infini dans sa composition et ses compétences dès lors à reconnaître ?

Les lieux du Lancement et aussi du Siège à abriter l'Institution, ne relevaient pas d'unicité de pensées.

Il fallait tout faire, dans l'art et la discrétion, la confidentialité, la confraternité, et l'amitié, mais aussi, dans la clairvoyance et perspective de ses pensées, quitte à s'en remettre à l'histoire pour le Jugement dernier.

On comprend dès lors que si, au bout de la gageur et du succès, il y a des méconnaissances, des frustrations peuvent s'interférer, des regrets aussi que les ouvriers de la dernière heure soient considérés par eux et une certaine opinion, comme ceux et seuls, ayant construit les fondations et construit seuls, l'édifice, à méconnaître et écarter les devanciers, à chercher à en tirer seuls, les reconnaissances et les auréoles de l'histoire, sinon, des dividendes.

Des illustrations ne manquent pas.

Si l'idée m'était venue de tout faire pour créer **Avocats Sans Frontière,** toutes réflexions faites en 1991, au sortir du XXXV Congrès de l'U.I.A à Mexico, je m'en suis de bonne heure, à Mexico et Morelia au Mexique, ouvert immédiatement et seulement à 2 Personnalités (d'autres suivront) :

- Le Bâtonnier Mario STASI de Paris (Secrétaire Exécutif de la C.I.B.) ;

- Et le Bâtonnier Henri GRONDIN qui présidait cette année là, l'Union Internationale des Avocats (U.I.A.).

Sortant difficilement d'une suspension d'exercice dans mon Pays qui connaissait la Révolution incompatible avec la Profession d'Avocats qu'il fallait supprimer (et j'étais le Doyen des Avocats et j'étais le premier de toute l'histoire du Pays dans cette profession), je l'avoue, j'étais professionnellement, psychologiquement, matériellement perturbé pour la période ; après avoir fait état de l'idée de la création de **Avocats Sans Frontière** au Bâtonnier Mario STASI de Paris, je lui demandai de s'en occuper ; il me renvoya un message me demandant de continuer l'initiative à laquelle il est partie prenante, mais me demande d'animer, c'est-à-dire de présider toutes initiatives tendant à la réalisation de ce projet ; il se consacra par la suite et sans repos à toutes démarches avec moi ; je le consultai pour le Choix de la Ville à abriter tant le lancement de l'Association que pour Siège, ce qui est d'une extrême importance ; il plaida pour le Choix de Bruxelles que j'arrêtai de manière définitive.

Cependant, on constatera, au terme de l'aventure, aux pieds des Statuts qui créent **Avocats Sans Frontière** à Bruxelles et déposés pour reconnaissance dont copie me fut adressée le 30 Mars 1992 (Réf. Ordre des Avocats de Bruxelles, P.L./CW/D.PRIN.465 dudit jour) les dispositions statutaires confèrent le Titre de Membre d'Honneur à 7 Bâtonniers ; le nom du Bâtonnier Mario Stasi n'y figure pas.

De même, je l'ai spécifié, c'est au sortir du Congrès de Mexico (Clôture à Morelia), que j'ai décidé de la création de cette Association **Avocats Sans Frontière** et m'en suis également ouvert au Président du moment de l'Union Internationale des Avocats (U.I.A.), le Bâtonnier Henri Grondin du Québec ; c'est lui qui m'a suggéré (je reviendrai là-dessus) de lancer cette Association mais avec implication « d'une structure plus souple », telle que la C.I.B même si, en raison du Congrès en cours, j'avais pensé à l'U.I.A. ; il me réitéra qu'il apportait son entier soutien à l'initiative et l'entier soutien de l'U.I.A.; il vint effectivement à Bruxelles de Montréal pour assister personnellement au lancement de **Avocats Sans Frontière** ce jour-là le 24 Janvier 1992.

Dans l'acte de constitution de **Avocats Sans Frontière** suscité, le nom du Bâtonnier Henri Grondin ne figure pas sur la liste des Membres d'Honneur reconnus par l'Association (7 Bâtonniers reconnus). Il était même dans la Salle le jour du lancement, représentant toute la charge et l'appui de l'Union Internationale des Avocats (U.I.A.).

Il s'impose donc la nécessité d'une information sur les éléments de genèse de **Avocats Sans Frontière,** à faire connaître les réels acteurs, de l'initiative de la création de cette Association dont les actions multiformes et salutaires couvrent actuellement la Planète et à leur rendre justice.

Ouagadougou, (Burkina Faso), le 24 Janvier 2009

Bâtonnier TITINGA FREDERIC PACERE
Père Fondateur des Avocats Sans Frontière

PREMIERE PARTIE

LES ELEMENTS PRECURSEURS DE « AVOCATS SANS FRONTIERE »

Les éléments de conscience de la nécessité de l'Avocat, à s'exprimer et défendre au-delà de ses frontières et des frontières, relèvent de profondeurs du temps surtout, dans des atteintes de droits imprescriptibles mais où souvent, l'Avocat est absent ou interdit d'exercice dans la liberté et l'indépendance.

En la matière, il y a lieu de citer des Actes et Déclarations d'importance :

A/ LA CONVENTION INTERNATIONALE DE SAUVEGARDE DES DROITS DE LA DEFENSE

Cette Convention a été signée lors de la Rentrée de la Conférence du Stage des Avocats à la Cour d'Appel de Paris, le 26 Juin 1987 ; elle dispose dans son Préambule et en son Article 1er :

> ***« Considérant que la recherche de la Paix et de la Coopération entre les Peuples, les objectifs affirmés par tous les responsables du monde, passent nécessairement par la sauvegarde de la Justice et le respect absolu des Droits de l'Homme et des Libertés fondamentales.***
>
> ***Que les Avocats, sentinelles permanentes du respect de ces principes, réunis en Colloque International à Paris, décident d'adopter une Charte Internationale tendant à voir respecter les Principes suivants :***
>
> ***- Egalité devant la Loi,***
> ***- Présomption d'Innocence,***
> ***- Droit de toute personne à un Procès équitable et notamment, au libre choix de son Avocat.***

Art. 1 : Tout homme a droit à l'Avocat de son choix, quand bien même, cet avocat serait-il étranger à l'Etat au nom duquel, la Justice est administrée ».

Doyen des Avocats du Burkina Faso, j'ai fait adhérer mon Pays, en 1987 à cette **Convention Internationale de Sauvegarde** de haute portée, dont certains éléments sont repris par la Résolution de l'O.N.U. sur le Rôle des Barreaux dans la construction de la Justice, les Droits de l'Homme et la Paix dans le monde.

B/ DE VOLONTES CARACTERISEES D'ILLUSTRES PERSONNALITES ET AVOCATS, POUR LA MISSION DE L'AVOCAT, DANS LA LIBERTE DE SON CHOIX ET DANS LA POSSIBILITE DE SA MISSION, AU-DELA DE SES PROPRES FRONTIERES.

L'idée, que l'Avocat se doit de pouvoir s'exprimer hors de ses frontières peut remonter à la nuit des temps.

La « **Déclaration des Droits** » **du Marquis de CONDORCET (1789, Articles 2, 4 et 5)** en est une illustration historique :

« Tout accusé jouira d'une liberté entière,
D'user de ses moyens naturels de défense,
Ce qui entraîne nécessairement
La publicité de la procédure,
La liberté de se choisir des conseils,
De conférer avec eux, dans tous les cours de l'instruction,
D'avoir communication, pour soi et pour ses conseils,
De tous les actes de la procédure,
Et de pouvoir faire entendre des témoins.
……………………………………

La loi ne pourra autoriser,

Pour parvenir à la connaissance des coupables,
Ni l'emploi de la torture,
Ni l'usage du mensonge ou de la ruse.
..

Sous aucun prétexte, la durée de la détention
Ne pourra être indéfiniment prolongée par le retard du jugement ».

(Souligné par l'auteur de l'ouvrage).

Pour notre époque actuelle et des plus proche, certains propos du Bâtonnier Mario Stasi de Paris, eu égard à ses fonctions et responsabilités multiformes à le faire exprimer sur plusieurs tribunes, sont éloquents sur la matière de l'Avocat, de nécessaires missions hors de ses frontières :

J'étais à la Séance Solennelle de Rentrée de la Conférence du Stage des Avocats de la Cour d'Appel de Paris le 27 Juin 1986 et ai suivi avec le plus grand intérêt, l'éloquence servant la conviction du Bâtonnier Mario Stasi.

De son Discours fort applaudi, il y est longuement développée la conception de l'Avocat, un Avocat nouveau en certain sens, à ne plus être confiné à l'intérieur des frontières de nos somme toutes micro Nations ; un Avocat à devoir et pouvoir se libérer, s'envoler de ses propres ailes, hors de ses frontières terrestres, voire, juridiques, culturelles et linguistiques et s'exprimer ; un Avocat d'une éthique, d'une déontologie, d'un comportement à définir, sinon à redéfinir en raison de contextes et temps nouveaux, mais et toujours imperturbable, un avocat de dignité, respectueux de lui-même et du milieu auquel il pourra être appelé.

De son texte de discours qu'il me fit parvenir ultérieurement, il est à retenir entre autres de pertinence, ces passages :

« L'existence de Conventions Internationales des Droits de l'Homme, telles qu'il en existe en Europe, en Amérique ou en Afrique, a guidé notre réflexion.

…………………………………

C'est pour y aider aussi, que nous avons voulu ce matin, définir ce que devrait être une Charte Internationale d'une libre Défense, instituant le libre choix des Avocats par delà les frontières, et les conditions d'un libre exercice.

Il ne s'est pas agi de définir les règles d'un droit d'établissement des avocats dans un Pays autre que le leur, cela est d'un autre domaine. Nous avons voulu rappeler ce caractère universel de la Défense ; il faut que celui qu'on arrête, que celui que l'on va juger, il faut que son avocat lui-même, s'il le juge nécessaire, pour mieux assurer la défense dont il est chargé, puisse appeler à l'aide, où qu'il soit, l'avocat qui, sans connaître de frontières, pourra venir à ses côtés, parler le langage commun de la liberté.

La première difficulté qu'il nous est apparu nécessaire d'écarter est, le reproche d'ingérence en des pays souverains. Elle est déjà dépassée, cette notion étroite d'Etats-Nations enfermés sur une souveraineté jalouse qui ignorerait le contre pouvoir d'une justice d'inspiration internationale.

Est-il des frontières assez hautes, pour qu'elles fassent obstacles aux Droits de la Défense ?

………………………………

Il nous appartiendra aussi d'observer, une déontologie stricte puisque respectueuse d'un ordre d'accueil.

Et puis, pour l'avocat de passage, la règle sera de délicatesse et de modestie.

Nous ne sommes, en aucune façon, des donneurs de leçons ; nous sommes simplement au service de ceux qui nous appellent ; à nous de veiller par notre comportement, de ne pas les laisser après notre départ, plus démunis, plus menacés et plus désarmés que jamais.

....

Il faut que soit proclamée la liberté du choix de l'avocat à l'extérieur ou à l'intérieur des frontières, pour l'accusé dont la vie, la liberté ou les droits sont mis en cause. Habeas Corpus, Procès équitable, l'un répondant à l'autre, à tout moment, l'avocat doit pouvoir intervenir et plus encore, s'il apparaît plus coupable.

....

Allons, mes Confrères, soyons ces avocats sans frontière ; ayons l'orgueil d'une ambition sans limite ; unissons notre souffle au souffle des hommes les meilleurs. Au travail. Le seul risque à courir, n'est-il pas celui de l'espérance ? »

(Souligné par moi auteur de l'ouvrage).

C/ DES ANTECEDENTS REGIONAUX DE L'AFRIQUE DE L'OUEST (L'UBAO)

La Région Ouest Africaine dont je suis ressortissant la Haute-Volta, (aujourd'hui Burkina Faso), était caractérisée au cours des années 1960 (années des Indépendances) et 1980, par une certaine réalité de l'exercice de la Profession d'Avocat ; ceux-ci n'étaient pas nombreux et étaient même, souvent inexistants ; par exemple, jusqu'en 1973, il n'y avait pas d'avocat national en Haute Volta (Burkina Faso) ; il n'y avait souvent que 2 ou 3 Français, à s'occuper de tout le Pays ; l'Avocat de fait, apparaissait ne pas connaître de frontière, entre la France et ses anciennes Colonies ; de même, les Avocats des Pays de cette région, francophone, de fait aussi, pouvaient aller plaider dans les autres Pays francophones de la sous région ; il leur suffisait délire domicile dans un Cabinet d'Avocat titulaire dans le Pays.

Ainsi, on a vu plusieurs avocats de la région Ouest Africaine, Sénégal (Maître André GUILLABERT), Côte d'Ivoire, Togo, Dahomey (Bénin), Mali (Maître Demba DIALLO), venir à Ouagadougou pour défendre de 1955 à 1966, certains Dignitaires du premier Régime politique de la Haute-Volta ; collégien, normalien ou étudiant, j'étais tout le temps aux audiences pour admirer certains monstres sacrés du moment ; je gardai en mémoire certaines péroraisons et les utilisai 20 ans plus tard.

Souvent, la Loi exigeait, la constitution de l'avocat, même là où il était absent ou introuvable ; jusqu'en 1973 année de la venue au Burkina Faso d'Avocats nationaux, il s'imposait en matière criminelle, la constitution d'un Avocat pour l'Accusé poursuivi ; on était donc bien obligé à l'époque, d'accepter ou de faire venir des Avocats extérieurs, surtout que des contrariétés d'intérêts de poursuites multiples épuisaient les 2 ou 3 Avocats expatriés du Territoire. Par impossible, on improvisait des Fonctionnaires et plus tard, on institua la fonction d' « Agents d'Affaires », pour suppléer l'absence de l'Avocat.

En dehors de ces faits de nécessités judiciaires, les Régimes Politiques en place, entendant affirmer leur personnalité, dans les Indépendances acquises, trouvaient souvent en l'Avocat, un « empêcheur de danser en rond » selon l'expression du milieu ; plusieurs avocats devaient être inquiétés dans leurs Pays.

Aussi, vers les années 1980, les Avocats de l'Afrique de l'Ouest, (16 Etats), décidèrent de créer une Organisation sous régionale des Avocats ; ils entendaient affirmer la présence et la nécessité de l'Avocat dans la sous région, mais aussi, par leur cohésion et donc force, de s'opposer aux velléités des régimes à porter atteinte au libre choix de l'Avocat, au libre exercice de la profession d'avocat et à défendre les Avocats inquiétés dans leur Pays.

Plusieurs tentatives furent initiées qui regroupaient les Avocats quelle que soit leur appartenance linguistique et leurs Pays (Francophones, anglophones, lusophones).

Ainsi fut en particulier créée, **l'Union des Barreaux de l'Afrique de l'Ouest, (U.B.A.O.),** présidée par le Bâtonnier SENE du Sénégal et dont le Siège était en Abidjan, Côte d'Ivoire ; au Comité Exécutif, j'avais été nommé, Président de la Commission **DEFENSE DE LA DEFENSE** de cette organisation ; plusieurs Avocats en effet pour la période étaient inquiétés dans leurs Pays ; cette Association réunissait les Pays Francophones tels que la Côte d'Ivoire, le Sénégal, le Mali, Le Burkina Faso, le Niger, mais aussi, les Pays anglophones tels que le Ghana, le puissant, Nigeria.

L'idée ici était de défendre l'Avocat, qu'il puisse plaider sans frontière dans la sous région et qu'il soit protégé par une défense à provenir de pays hors de ses frontières.

Plusieurs de ces initiatives heureuses n'ont pas connu les espoirs escomptés, mais l'idée, était déjà là, de la nécessité de l'Avocat Sans Frontière à construire, entretenir, développer.

D/ MES DESAGREMENTS SOUS LA REVOLUTION BURKINABE

La Révolution qui intervint au Burkina Faso à partir du 4 Août 1983 n'entendit pas s'encombrer de la Profession d'Avocats et de ses défenseurs ; le Corps ne fut pas isolé ; les Fonctions de Notaires, de Commissaires Priseurs, d'Huissiers, furent simplement supprimés, symboles selon les slogans nourris, de la Réaction et des avatars de l'Occident Chrétien ; ils furent remplacés par des Gendarmes donc évidemment sous le contrôle de l'Etat ; l'Etat disposait à sa guise et à son monopole, de tous les états de connaissances et de contrôles de ceux, qu'on appelait, les bourgeois compradores ; on avait par ces nouveaux ministères, les possédants, et leurs biens ; quant à la fonction d'Huissier assumée désormais par des Gendarmes, l'Etat était couvert par ces propres agents qu'il nomme et peut révoquer à sa guise dans cette fonction ; l'exécution était quasi impossible contre l'Etat ; on était après cela, devant la suppression décidée de la Profession d'Avocat ; j'adressai immédiatement au Chef de l'Etat, Président du Conseil National de la Révolution (C.N.R.), une correspondance pour sauvegarde de la Profession d'Avocat ; la réponse fut un non-recevoir ; mes écrits du moment tendant à défendre le droit à la vie de l'Avocat et plus généralement tendant à l'existence d'une Justice libre, indépendante, contre des Lois pénales rétroactives, renversant les charges de la preuve, les radiations des Fonctionnaires dont des Magistrats, tout cela fut considéré comme étant de la provocation ; (voir mon ouvrage des premiers moments de la Révolution, **« AU NOM DU DROIT PLAIDOYER CONTRE LES JURIDICTIONS D'EXCEPTION »**) ; c'était des articles continus de Presse dans le Journal l'OBSERVATEUR ; ce Journal reçut un avertissement d'arrêter mes publications ; ce fut fait ; le journal devait lui-même plus tard être incendié ; on décida autrement de la mort de la Profession d'Avocat.

Le Pouvoir Révolutionnaire créa un corps de Défense, les **SONGDA,** dits **« Cabinets Populaires d'Assistance Judiciaires »** (C.P.A.J. Loi, Zatu AN IV-020/CNR/MIJ du 31 Décembre 1986) ; aux termes de cette Loi qui interdisait la liberté du choix du Conseil, il était interdit à toute Société ou Organisme qui connaissait une participation quelconque de l'Etat, de faire recours aux Avocats classiques. Dans un Pays Révolutionnaire où l'Etat a pour vocation d'occuper tout le terrain du politique, de l'économique et du social, le recours à l'Avocat classique ne relèverait que de la Loi intelligente et de la pure théorie ; l'avocat mourrait de sa propre mort ; dans un système révolutionnaire dans lequel dès lors, l'Avocat manifestement n'est pas le bien vu, les particuliers hésiterons à se reconnaître dans ses hommes que le Pouvoir de fait, ne voulait pas, surtout que par contre, ces Avocats Fonctionnaires (SONGDA) avaient eux, toutes compétences de constitution ; toute les clientèles se réfèreraient à eux, de droit, et, de fait.

Je m'opposai par plusieurs écrits aux Clients de mon Cabinet et aux Avocats. Mes écrits furent considérés de provocation injurieuse contre l'Etat, la Justice, la Loi.

Je fus traduit le 23 Mars 1988, à la demande du Gouvernement devant l'Assemblée Générale de la Cour d'Appel du Pays (Ouagadougou) pour violation grave de mon Serment d'Avocat de respect absolu à devoir aux Autorités Publiques, à la Loi, aux Magistrats.

Ce qui était illustrant sur la procédure de ma suspension et qui concerne la présente, c'est qu'à mon Procès, l'ensemble des Avocats du Pays décida de se constituer et d'assurer ma Défense.

A l'audience, le Président de l'Assemblée Générale de la Cour d'Appel s'opposa d'abord à ce que j'aie un Avocat à mes côtés ; les Avocats étaient là ; nous étions tous en Robe ; cela entraîna dès l'ouverture, un sérieux désordre indescriptible dans la Salle ; il fut décidé ensuite par la Cour, de me permettre de désigner un seul de mes Confrère, décidé ainsi par l'Assemblée Générale des Magistrats de cette Cour, sur interprétation restrictive et reconnue par elle, d'une Loi invoquée par la Cour elle-même.

Le porte-parole des Avocats (Maître Karim OUATTARA) s'écria en ces termes :

> ***« Magistrats, celui que vous entendez juger aujourd'hui est notre Doyen ; ce n'est même pas un simple Doyen des vivants ; c'est le premier Avocat de toute l'histoire du Burkina Faso ; entre autre moment de l'histoire de ce Pays, (1973-1975) pour ne prendre que cette période, pendant 2 ans, puisqu'il n'y avait pas d'autre Avocat national sur le Territoire, c'est lui et lui seul, qui défendait les plus grands criminels de ce Pays devant la Cour d'Assises ; souvent sur 21 Dossiers d'une Session criminelle, il était le***

seul Défenseur dans 20 ; les plus grands criminels allégués de ce Pays ont souvent fait venir de l'extérieur, 2 , 3 Avocats en plus, à leur côté, pour leur cause ; vous avez,vous, Magistrats, à l'époque et toujours, accepté toutes les constitutions d'avocats de 1973 à ce jour et certainement même, avant, depuis que l'Avocat est admis dans notre Droit et notre Justice ; maintenant que cet homme, n'a ni tué, ni volé, ni violé, ni rien fait qu'un simple délit d'opinion selon le Gouvernement qui vous demande de le condamner, donnez au moins une certaine illusion ne serait-ce qu'aux formes ; vous allez jusqu'à lui interdire l'assistance de ses Confrères, l'Assistance d'Avocats de son choix ; vous avez le courage de nous dire par ailleurs, que la Loi que vous invoquez pour lui interdire la liberté du choix du Conseil , de pluralité de Conseils s'il le veut et il veut tous ses Confrères, c'est que, selon votre Loi en question, dit que l'Avocat peut se faire assister d'un Avocat, mais vous dites vous-même que cela peut être le principe de l'assistance, donc de Conseil ; cela signifie que cela étant le principe de l'Assistance, vous reconnaissez et nous le dites, que cette Loi peut être interprétée de manière restrictive, n'accepter qu'un seul Avocat, mais aussi être interprétée de manière large, assisté de plusieurs Avocats pour sa défense ; mais vous nous dites que consciemment vous décidez de n'accepter que l'interprétation restrictive de cette Loi ; il s'agit des droits d'une personne poursuivie ; vous dites que vous choisissez d'interpréter de manière restrictive cette Loi à lui être appliquée à lui restreindre ses droits, à lui refuser des droits. Où dans le monde une telle interprétation a été faite contre un individu, même poursuivi pour crime ; vous le faites pour notre Doyen, le premier Avocat de toute l'histoire de notre Pays ».

Et ce porte-parole des Avocats de s'écrier :

> ***« Vous n'êtes pas des Juges ; vous n'aurez pas l'honneur de juger cet homme portant sa Robe, la Robe d'Avocat et se tenant devant vous ; vous n'aurez pas cette joie et cet honneur ; vous n'êtes pas des Juges ».***

Je fus surpris de la réaction immédiate des Avocats ; étant devant les Juges, je ne voyais derrière moi ; d'un seul mouvement, les Avocats se précipitèrent tous sur moi comme s'étant consultés dans l'improvisation due à ces circonstances ; ils me soulevèrent, me portèrent sur leurs têtes et épaules et je quittai ainsi, en l'air, la salle de mon Procès, jusqu'au bas de l'escalier (un étage plus bas) et après les escaliers ; les Avocats, et ils le clamaient, voulaient ainsi me tenir de la Salle à être hors « du Palais dit de Justice » (c'est leur expression), les pieds ne touchant plus le sol du Palais jusqu'à l'extérieur ; par communication téléphonique ultérieure, on m'informa, on informa les Avocats qui étaient d'ailleurs en réunion pour cette affaire, que leur Doyen (moi) a été reconnu coupable de violation grave de son Serment d'Avocat « de ne rien dire ou publier de contraire aux lois et règlements, aux bonnes mœurs, à la sécurité de l'Etat et à la paix publique, ainsi que de ne jamais s'écarter du respect dû aux tribunaux et aux autorités publiques ; de ce fait, il a été condamné à la suspension de l'exercice de son Ministère d'Avocat pour une durée d'1 an. (Procès Verbal de Délibération N°9 dudit jour de cette Assemblée Générale de la Cour d'Appel).

Les Avocats entrèrent immédiatement en grève, et ce, pendant 6 mois.

Je relevai Appel de cette Délibération ; le Procureur Général aussi ; on nous dit qu'il voulait la radiation de l'Avocat.

La Haute Cour Judiciaire saisie en Appel rendit son Arrêt le 10 Août 1988 (Arrêt N°3).

Maître PACERE reste coupable de violation de son Serment ; la Suspension est ici retenue pour 3 mois, mais pour compter du jour de cet Arrêt ; l'intéressé doit continuer son calvaire.

De l'extérieur, les Avocats et Institutions des Droits de l'Homme protestèrent ; la Presse de plusieurs Pays (le Sénégal par exemple, voir article de presse dans les Annexes), outre la presse nationale quelque peu muselée, relata l'évènement et le stigmatisa ; la C.I.B. par son Secrétaire Exécutif, le Bâtonnier Mario Stasi vint à Ouagadougou pour cette Affaire et stigmatisa l'évènement ; la Commission Internationale des Juristes de Genève (C.I.J) par son Secrétaire Exécutif, le Sénégalais Adama DIENG, protesta par des lettres et messages envoyés dans le Pays au Gouvernement ; il vint, lui aussi à Ouagadougou ; le Centre International pour l'Indépendance des Magistrats et des Avocats (C.I.M.A.) dont le siège est à Genève, protesta également et publia une dépêche dans son organe de presse sur cet évènement.

(Voir les actes de jugements et autres du présent chapitre dans les Annexes de l'ouvrage).

Pour beaucoup d'Avocats du territoire et des Pays qui ont appris ce problème plus tard, il a été déploré le fait que ce drame fut un drame déroulé à huis clos selon des expressions ; s'il y avait une conscience avisée d'Avocats extérieurs, cela pouvait faire réfléchir le Régime en place au Burkina Faso ; on ne voit pas comment, le Régime pouvait rester de marbre sous une pression internationale de Corps d'avocats d'envergure à pouvoir ternir son image de marque ; la vie de l'Avocat pouvait certainement être en cause ; plusieurs régimes politiques révolutionnaires peuvent ne pas s'encombrer de la vue et de la vie de certains citoyens refusant de marquer le pas, qui savent surtout écrire et être lus ; mais, une cohésion et une action concertée d'Avocats extérieurs organisés pouvaient avoir des effets bénéfiques pour la Profession et pour l'Avocat.

Cet extrémisme de la Cour a été très mal apprécié par les Avocats qui n'ont vu dans la Magistrature, qu'un simple bras séculier du Pouvoir politique du moment contre son devoir d'Indépendance salutaire pour l'intérêt de la Nation ; l'histoire ne pourra pas dire avec eux, s'ils avaient pris leur responsabilité, que l'Avocat avait tort ; quelques années plus tard en effet,ce Pays s'est doté d'une Constitution à garantir les droits des gens, et, par la suite, a permis la création d'un Barreau libre et indépendant dont le premier Bâtonnier sera ce même, Avocat, Doyen du Corps.

Ils auraient été Magistrats, dans le sens d'une Magistrature courageuse, indépendante, de l'honneur de l'histoire du Pays.

Au sortir de cette expérience éprouvante, il s'avère que pour l'Avocat que je suis, l'Avocat esseulé, l'Avocat isolé est faible ; j'étais fort par l'inconditionnalité et la détermination des Avocats du Territoire ; je n'ai jamais senti autant de présence, de chaleur humaine, de soutien dans ma vie, que lors de cette traversée de désert que j'ai connue ; mais, nous, ensemble des Avocats du Pays, nous étions faibles parce que isolés face au Pouvoir qui réprime et de sa Justice dont il se sert ; il s'avère que, s'il y avait un corps extérieur d'avocats organisés à pouvoir s'exprimer dans les Pays, cela aurait été de nature à faire réfléchir le Régime et sa Justice du moment ; c'est là, au plus haut degré, la garantie de l'Avocat, la garantie de l'exercice libre de la Profession, et d'un point de vue général, la garantie du respect des droits des gens dans la société.

Je pensai dès lors à un souhait, **d'Avocats à pouvoir franchir les murs, les frontières des Nations et des Régimes,** pour la défense des hommes contre l'intolérance des Pouvoirs, outre pour contribution plurielle à une justice de droit universel.

En dehors de cette expérience personnelle, j'ai connu les vertus d'une présence dans un procès, d'Avocats extérieurs face aux Régimes politiques et les Juges.

Sous la Révolution au Bénin, je fus invité à m'impliquer dans un Procès difficile et dangereux pour les Confrères du Pays ; les Avocats nationaux, laissés à eux-mêmes et seuls, encourent des accusations d'atteinte à la sûreté de l'Etat, de comportements volontaires et ouverts contre le Pouvoir Politique en place ; mais si dans le collectif des Avocats plaidant, il y avait des Avocats extérieurs à s'exprimer avec force et conviction, le reproche d'atteinte à la sécurité intérieure et au Régime en place, leur sera de fait, plus imputable qu'aux Avocats nationaux ; je m'impliquai ainsi dans ce Procès aux côtés des Confrères du Bénin ; les résultats le jour même du procès furent de succès et de la surprise puisque, sur 15 Accusés qui comparaissaient ce jour là, 9 furent libérés le jour même alors qu'on s'attendait à des peines capitales.

Cela n'est jamais certes, sans risque et il faut s'organiser en conséquence : pour ce dossier, en quittant l'hôtel et en venant au Palais de Justice, ma valise était dans ma voiture ; j'ai donné à la Presse qui voulait m'interviewer au sortir de l'audience, rendrez-vous le soir à 18 Heures à l'hôtel ; je n'étais pas descendu dans l'hôtel que je leur avais indiqué ; à 18 heures, j'avais déjà franchi la frontière du Pays ; il me sera plus tard dit qu'à 19 Heures, le Régime politique avait envoyé encercler l'hôtel que j'avais indiqué ; ne m'y ayant pas trouvé, on a fini par retrouver l'hôtel utile, mais j'avais, la matinée en quittant, réglé ma Chambre et remis la Clef.

J'ai téléphoné de l'extérieur aux Confrères du Pays, les avisant de ne pas s'inquiéter car, j'avais déjà quitté leur Pays révolutionnaire, et révolutionnaire comme le mien ; je connaissais les pratiques.

La présence d'Avocats extérieurs, est d'impacte majeur et incontournable pour des procès justes et équitables, dans des contextes particuliers de la vie et de la Justice des Nations.

DEUXIEME PARTIE

INITIATIVE DE CREATION DE L'ASSOCIATION AVOCATS SANS FRONTIERE ET DEMARCHES

A/ LE CONGRES DECLENCHEUR (U.I.A, MEXICO ET MORELIA, AOUT 1991)

J'ai été honoré en 1991, par une Invitation du Président de l'Union Internationale des Avocats (U.I.A.), le Bâtonnier Henri Grondin de Québec, pour prendre part au XXXVème Congrès de l'Institution et d'accéder au Comité Exécutif en qualité de Conseiller Spécial du Président.

Je pris part au Congrès du Mexique, lequel se déroula à Mexico et connut la clôture des travaux à Morelia, le 02 Août 1991.

J'avoue que c'était la première fois que je voyais tant d'Avocats à un Congrès de la Défense ; des milliers, me semblait-il.

On a toujours le complexe devant de tels aréopages, de telles sommités du monde, même si, après tout, pour vous ressaisir, il s'agit seulement de Confrères ; on pense souvent à tort certes, à une distance que vous devez accepter et pas nécessairement chercher à combler.

Mais, ma surprise sera grande de cette Fraternité de la Confraternité ; je me suis ainsi retrouvé au Comité Exécutif, Conseiller Spécial du Président de l'U.I.A.

Je fus invité à prononcer un Discours que d'aucuns ont dit mémorable, à la Séance solennelle de Clôture qui marqua a-t-on souligné, l'audience des Sommités d'Avocats ; le thème de mon Intervention, **« L'AVOCAT AFRICAIN A L'U.I.A. »** (voir, document aux Annexes).

Ma grande surprise devant le complexe qui était à craindre au départ, c'est donc la considération et les félicitations des Confrères ; je les reçus de tous les Continents et de toutes les Cultures pour échanges dans tous domaines et enrichissements réciproques.

Un Bâtonnier de l'aréopage me rencontra après qu'à une soirée de détente, dans un Restaurant prévu accueillant des Avocats, je pris la parole en forme d'expression rituelle de ma Terre l'Afrique mais au Mexique, je m'étais exprimé au milieu d'un Orchestre, agrémenté de sons de guitares mexicaines qui m'accompagnaient harmonieusement traduisant le fait que la Culture musicale, elle surtout, n'a pas de frontière de message ; il me dit en substance :

> ***«Monsieur le Bâtonnier, vous disposez d'un bagage, d'un profil., d'une personnalité à pouvoir et devoir ajouter quelque chose à l'action des Avocats ; si vous aviez des initiatives, et vous pouvez en avoir, vous devez en avoir, vous en avez certainement à vous entendre ou vous voir vous exprimer en toute liberté, beaucoup d'Avocats vous suivront ; nous gardons le contact».***

Devant cette considération, je l'avoue inattendue des avocats du monde sur ma personnes, je profitai par moment avec les uns et les autres, pour échanger sur la possibilité de l'Institution d'une Association des **Avocats sans Frontière**, à combler les vides et exigences des impératifs connus de ma vie et dont j'ai précédemment fait état ; je pensai à une association d'avocats à s'exprimer partout, librement et de manière plurielle comme je le constate dans cette pluralités de Cultures ; une Association d'Avocats convaincus pour les droits des peuples et des Hommes au-delà des frontières.

Du fait que si je quittais le Mexique, il me serait difficile d'échanger réellement avec le Président Grondin, je lui demandai un court rendez-vous qu'il m'accorda sur le champ ; je lui fis état de ma profonde gratitude de m'avoir appelé au Comité Exécutif de l'Association, et être à ses côtés en qualité de Conseiller Spécial du Président, qui m'honore.

Je lui dis par la suite que je voulais avant de le quitter, m'entretenir avec lui pour raison de distance ; lui au Québec et moi au Burkina Faso, les distances sont longues, le téléphone et le Fax, très difficiles pour mon Pays vers le Canada, et l'Internet n'existait pas encore pour moi ; Je lui dis que ma nomination à l'U.I.A. m'implique des devoirs ; dans la Culture africaine, je dois apporter quelque chose de significatif pour témoigner de ma présence à cette haute Institution en ajoutant quelque chose de positif à ses actions ; en ce sens, l'expérience de ma vie, ce qu'il m'a été possible d'apprendre des autres confrères de ce Congrès et de souhaits de plusieurs d'entre eux, je pensais à la création d'une Association **d'AVOCATS SANS FRONTIERE** sous égide de l'UIA ; je lui dis aussi qu'il m'est plus facile de communiquer avec le Bâtonnier Mario Stasi de Paris (La C.I.B.) que je devais de toute façon, rencontrer dans la journée et plus tard aussi, à Paris pour lui en faire également état.

Il accueillit très favorablement le projet, disant qu'il apportait tout son soutien et celui de l'U.I.A. à une telle entreprise et sa création si je pouvais y réfléchir et poser les fondations de création ; le problème urgent m'a-t-il dit, c'est de réfléchir sur les modalités de la faisabilité.

Concernant l'implication de l'U.I.A. à une telle entreprise, si j'ai tout son appui, il me suggère aussi, sinon plutôt, de voir à impliquer cela dans le cadre de la C.I.B (la Conférence Internationale des Barreaux) et de rencontrer le Bâtonnier Mario Stasi pour échange ; j'ai dit que je devais le faire dans la journée, étant de toute façon et toujours en contact avec le Bâtonnier Mario Stasi ; il me rassura et confirma que si un jour, je pouvais faire en sorte que ce projet se réalise, il sera au jour du Lancement, au lieu qui sera indiqué pour appui de l'U.I.A. ; notons qu'il sera effectivement en personne à la Cour de Cassation Belge de Bruxelles au jour du Lancement pour apporter la caution, la couverture et l'auréole de l'U.I.A. ; j'en suis toujours honoré ; à la dernière C.I.B. à Ouagadougou, il y a quelques années de cela, il est venu dans cette Capitale du **Pays des Hommes Intègres** ; je n'ai pas manqué devant les Autorités Publiques, et tous les Avocats du monde réunis pour la circonstance, de le saluer et lui témoigner une fois de plus, ma profonde gratitude pour sa considération.

Sur le sujet, toujours au Mexique, je rencontrai également et évidemment mon Frère et fidèle Ami, et je le dis avant la lettre, mon éternel « **complice** » selon les amis et confrères qui nous voient tout le temps ensemble et partageant les mêmes idées, le Bâtonnier Mario Stasi ; je lui exposai verbalement le problème, m'engageant à le faire par écrit, pour création d'une association, **AVOCATS SANS**

FRONTIERE avec implication de la C.I.B. dont il est le Secrétaire Exécutif et souhaitais donc son implication personnelle à ce projet. Il me répondit que ce projet lui a toujours tenu à cœur ; ses discours antérieurs appelant de tous ses voeux, une telle réalisation (voir son discours suscité du 27 Juin 1987 de la Rentrée de l'Ordre des Avocats de la Cour d'Appel de Paris) ; il me dit, qu'il s'y emploierait et que de mon côté, il voulait par écrit pour saisine de ma stratégie, pour création de l'Association.

Je rencontrai également le Président Antonio CREMADES (Madrid) de l'U.I.A. qui m'apporta tout son soutien.

Je demandai et rencontrai une trentaine, une cinquantaine sinon plus d'avocats de tous les Continents sur ce projet, souvent en groupes.

Pour raisons de proximité, j'échangeai avec des personnalités et confrères de l'Afrique, j'abordai avec eux, en particulier, la problématique du Siège de l'Association à créer.

B/ MA LETTRE DU 29 SEPTEMBRE 1991, FONDEMENT DE LA CREATION DE « AVOCATS SANS FRONTIERES »

De retour au Pays (Burkina Faso), après ce Congrès de l'U.I.A. du Mexique, après longue réflexion sur la matière, longs travaux, j'adressai une lettre collective en date du 29 Septembre 1991 à environ 250 Avocats à travers le monde ; j'utilisai surtout l'Annuaire des adresses et des téléphones de l'U.I.A., outre les cartes de visites que les uns et les autres m'avaient laissées à Mexico et Morelia ; aucun Continent ne fut oublié ; beaucoup de Bâtonniers de Capitales d'Europe, d'Amérique, d'Afrique, d'Asie, furent destinataires, outre plusieurs dizaines d'Avocats, de cette lettre ; ladite lettre était écrite avec les moyens de bord de mon Pays de l'époque, une machine mécanique et tirage à la Ronéo en lettre formulaire ; les noms et adresses étant plus tard complétés par la machine après tirage de la lettre sous forme de formulaire ; un exemplaire de cette Lettre du 29 Septembre

1991 est dans les annexes de cet ouvrage ; plusieurs correspondances de Confrères que je cite et publie dans ce livre, font référence à cette lettre.

Au sortir de Mexico, l'idée me fut, compte tenu des différentes idées d'échange avec les Confrères, de créer, non pas exclusivement l'Association **Avocats Sans Frontière**, mais, 3 Associations Internationales :

- **Avocats Sans Frontière ;**

- **Une Association de Banques d'Ouvrages et d'Equipements ;**

- **Un Organisme d'Aides de la Défense.**

Sur **AVOCATS SANS FRONTIERE**, premier projet que je proposais aux Avocats pour réalisation et qui commençait ma lettre, j'écrivais ce qui suit :

«Maître Titinga Frédéric PACERE,
Ouagadougou le 29 Septembre 1991
Avocat à la Cour,
Bâtonnier de l'Ordre
Ouagadougou
Burkina Faso,

A Maître .... (Nom et adresse
De l'Avocat)
....

Mon Cher Confrère et Ami,

J'arrive dans mon Pays et me permets de vous rappeler mon confraternel et amical souvenir, suite à notre

rencontre à Mexico à l'occasion du XXXVè Congrès de l'Union Internationale des Avocats.

Nous y avons abattu un fructueux et imposant travail, à la gloire du Comité Exécutif, de son Président, du Comité d'Organisation et de tous les Délégués.

En marge des travaux, lors notamment des suspensions, j'ai été approché et ce fut un honneur pour moi, par des Confrères de tous les Continents, pour ajouter si on pouvait encore le faire vu ce qui est déjà réalisé par l'Union, tout de grand, d'autres notes peut-être particulières aux actions de nos organes.

De ces rencontres particulières et informelles, il résulte que des bonnes volontés pourraient avoir des actions peut-être infimes, mais, peut-être aussi, grandes, nobles et, salutaires, dans la grandeur de notre principe de vie officielle et privée, fondée sur la Défense. Aussi, me suis-je permis de les résumer ainsi qu'il suit, et les soumettre à votre appréciation, pour, réalisations communes d'objectifs, en tant que de possible :

1°) Pour une Association « d'AVOCATS SANS FRONTIERE »

D'éminents Confrères m'ont approché, compte tenu de la turbulence de nos Etats et de l'existence souvent de possibilités de victimes de l'injustice, pour faire prévaloir leurs droits. Dans ce domaine et pour être plus précis, certains Confrères d'Occident m'ont dit qu'ils étaient à la tête de Cabinets de vingt ou même de cinquante Avocats ; qu'il peut arriver pour une période très longue, que leur présence physique au Cabinet, soit quelque peu nulle, en raison de la présence des Collaborateurs qui sont souvent fort nombreux. A l'instar de ce qui existe déjà en matière de défense de la Santé par notamment l'action de l'association des « MEDECINS SANS FRONTIERES », ne serait-il pas possible d'avoir un type d'association « AVOCATS SANS FRONTIERES » ou une autre dénomination. Pour l'esprit, certains Confrères m'ont dit qu'en raison de ce temps libre qu'ils peuvent dégager, exploiter, et résultant de ces circonstances sus énoncées, ils seraient prêts à aller dans n'importe quel point du Globe et à leurs frais pour tous cas de l'extrême indigence (à déterminer par le groupe pour garder à notre Corps ses principes) et assurer la défense de ces genres de victimes du dénuement de Droits et matériel. Il est même des cas où une telle action, serait des plus heureuse ; à titre d'exemple, au Bénin, une quinzaine de personnes avaient été traduites devant une Cour Spéciale, dans un contexte politique exacerbé et dangereux pour les Avocats eux-mêmes au-delà de leur courage, affirmé.

Par contre, la présence à l'Audience d'un Avocat de l'extérieur, rendrait international le problème et fait réfléchir plus d'un Régime politique, qui couvre en même temps, la seule responsabilité des Avocats locaux.

C'est ainsi que j'ai été pressenti par les Confrères du Bénin, et j'ai été assurer à mes frais et à leurs côtés, la défense de ces hommes, victimes du Politique et de procédures plus que discutables ; neuf (9) des quinze (15) furent immédiatement libérés.

Pourriez-vous voir notamment avec d'autres Confrères amis, s'il vous est possible d'apprécier l'opportunité d'une telle Organisation dans le monde qui, je le crois, grandirait notre Corps et son esprit. Dans cette éventualité, pourriez-vous en même temps, faire des suggestions pour la création, l'organisation d'une telle Institution.

……………………………………………………………

Bien Chers Confrères, ces suggestions, échanges d'idées en marge de nos travaux éminents, méritaient me semble-t-il, qu'il en fut fait état d'autant plus que ce fut le souhait de plusieurs, quitte à ce que, après analyse, elles ne puissent être continuées, ou au contraire, entreprises et réalisées.

Vous serait-il possible, une appréciation en la matière et avis de votre part.

Je vous remercie une fois de plus de toute la cordialité que nous avons partagée ensemble qui nous grandit tous, par la Défense et pour la Défense et vous prie de croire en mes sentiments les plus confraternels et amicaux.

Me T.F. PACERE »

(Voir cette Lettre Collective du 29 Septembre 1991 dans les Annexes du présent ouvrage).

C'est, cette Lettre, qui est le déclencheur du processus irréversible qui devait conduire au Lancement de l'Association « **AVOCATS SANS FRONTIERE** ».

La suite fut un travail, à mon sens, d'orfèvres, de passionnés acteurs de détermination certaine, pour la grandeur et l'expression de la Défense dans le monde, qui a donné ce résultat ; cette Lettre est du 29 Septembre 1991 ; l'Association **« Avocats Sans Frontière** » a été lancée le 24 Janvier 1992 soit, à peine seulement 4 mois plus tard ; cela relève d'une prouesse à saluer de la part de tous ceux qui ont adhéré au Projet et qui y ont mis le maximum de leur vie et de leurs efforts ; la création à seulement 4 mois plus tard de cette Association, relève du miracle de la Défense et des Avocats.

C/ DES DEMARCHES ULTERIEURES POUR LA CREATION DE L'ASSOCIATION

Comme sus écrit, j'adressai ma lettre du 29 Septembre 1991 à environ 250 Avocats à travers le monde, Europe (Ouest, Centrale, Est), Amérique (Nord, Centrale et Sud), Afrique, Asie, Moyen Orient, Australie, Iles ... etc.

Je reçus plusieurs réponses, essentiellement de soutiens et d'encouragements, mais, très peu de propositions et suggestions.

Sous l'angle des démarches, j'entretins avec le Bâtonnier de Paris Mario Stasi, des rapports particuliers, de tous instants, d'une efficacité qui m'étonne moi-même avec le recul et en rapport avec ce que, tous les deux, nous avons fait ; on s'en rendra compte dans mes prochains développements, même si je ne peux qu'introduire ce travail titanesque, sans même pouvoir porter à la connaissance de l'opinion, toutes nos correspondances et actes d'échanges et de travail.

L'appui, les diligences et propositions fort judicieuses vinrent aussi de plusieurs Bâtonniers d'Europe et de la C.I.B. ; il importe de le souligner :

1°) DEMARCHES AUPRES DU BATONNIER MARIO STASI DE PARIS.

J'ai expliqué mes rapports particuliers avec le Bâtonnier Mario Stasi depuis 1986 et de toutes ses luttes en faveur de la Défense et des Avocats, en particulier, face aux désagréments que j'ai connus sous la Révolution dans mon Pays ; nos relations sont, depuis, au plus haut degré de la Confraternité, de l'amitié, de la fraternité.

Il m'associa à tout ce qui concerne la Défense de la Défense ; les 3 et 4 Octobre récemment (2008), avec le Président Antonio CREMADES de l'Union Internationale des Avocats, il me fit inviter au grand Colloque de Madrid à travailler sur la Justice Internationale ; j'y ai été le Porte-parole des Avocats et des Bâtonniers d'Afrique.

Sur la création de **Avocats Sans Frontière**, outre cette Lettre du 29 Septembre que je lui adressai, en même temps qu'aux Avocats du monde, après m'être entretenu préalablement avec lui du sujet à Mexico et Morelia, je lui adressai aussi, une Lettre personnelle (voir dans les Pièces annexes), dans laquelle j'ai écrit :

« Monsieur le Bâtonnier Mario Stasi

……………………………

Paris

Mon Cher Ami,

Je suis rentré en parfaite santé au Pays et voudrais te remercier par la présente, toi, madame, de toute votre amitié. La confiance que les Confrères du monde ont pour moi, je te le dois au premier chef par ta propre confiance en moi et à tous les Bâtonniers et Confrères, amis que j'ai connus par toi.

………………………………………

Concernant le point fondamental des « AVOCATS SANS FRONTERES », pourrais-tu voir s'il t'est possible de le réaliser et de l'animer ; il est certain objectivement qu'un telle entreprise, si elle est dans les limites de mes pensées, elle transcende mes compétences matérielles et suppose un homme-carrefour tel que ton envergure à tous niveaux supposés.

Pourrais-tu voir ce qui peut être fait, outre les autres domaines abordés.

Me T.F. PACERE »

J'ai voulu, en toute humilité sinon, objectivité, que le Bâtonnier Mario Stasi se charge de la création et du lancement de **Avocats Sans Frontière** ; le problème était surtout à mon niveau, de conjonctures complexes et graves de ma vie :

Il faut se rappeler que je sortais d'une suspension d'exercice dans un contexte où la Révolution qui, en définitive, n'a pas pu supprimer la Profession d'Avocats, l'a matériellement affaiblie en créant un corps d'Avocats Fonctionnaires ; partout où l'Etat avait une participation du Franc symbolique, il était interdit de saisir un Avocat classique ; dans un Pays Révolutionnaire, l' Etat avait la main mise sur tout et l'Avocat devait mourir de sa belle mort faute de clientèle ; ma propre situation était spéciale de cet avocat qui a eu à affronter cette Révolution,en s'attaquant à ses Lois, et pour préserver la Profession d'Avocat, condamné pour violation de son Serment d'Avocat ; il a signé en fait et consciemment, son arrêt de mort dans cette Profession au-delà de la sanction qu'il a subie ; personne n'oserait, à moins d'esprit de suicide, lui confier un dossier pour défense ; des possibilités matérielles pour de telles démarches à travers peut-être les Continents m'échappaient.

Le Bâtonnier Mario Stasi, avec l'humilité également qu'on lui reconnaît, l'amitié sans borne et la considération qu'il a pour moi, mais aussi l'humour toujours dans nos rapports de fraternité, me répondit en ce sens par correspondance en date du 25 Novembre 1991 (Réf Avocats Sans Frontières, MS/mcb) dans laquelle il écrit :

« Monsieur le Bâtonnier Titinga Frédéric Pacéré

Mon Cher Bâtonnier et Ami,

J'ai bien reçu en son temps ta lettre du 29 Septembre

...

Ta Lettre .... Me proposait de jouer un rôle d'homme-carrefour (sic)...; à vrai dire, je crains les embouteillages.

Toutefois, si une Equipe devait se constituer dans laquelle tu jouerais un rôle prépondérant, j'accepterai bien volontiers d'en être Membre actif.
...

Bâtonnier Mario Stasi »

Je ne désarmai pas ; le 23 Décembre 1991, alors que pratiquement tout était réuni pour le lancement, (le lancement devait avoir lieu le 24 Janvier 1992 soit dans un mois), je lui envoyai une lettre ; au second paragraphe de cette Lettre, je lui écrivais :

« ***Monsieur le Bâtonnier Mario Stasi................***

OBJET : AVOCATS SANS FRONTIERES

Mon Cher Bâtonnier et Ami,

Je constate avec joie, que l'initiative est bien appréciée et saluée, mais, excuse moi de mon expression, bien que tu n'aimes pas les embouteillages des carrefours, que tu restes l'idéal, à mon sens, pour catalyser les énergies par ta perspicacité, tes contacts et tes compétences qui te permettront en cas d'écueils, d'arrondir, tous les angles.................
...
Mon amical souvenir

Me T.F. PACERE »

(Voir ces lettres dans les Annexes).

Il maintint sa position, mais, sera au four et au moulin pour m'épauler comme il l'a toujours affirmé, pour le succès de l'entreprise ; on le verra par la suite sous l'angle des démarches et des contacts.

On comprend toute la considération et l'amitié que j'ai pour le Bâtonnier Mario Stasi ; son admiration de toujours pour moi, m'a indiqué mes devoirs de luttes pour la Défense à lui faire toujours honneur et une étique de vie, à répondre de la grandeur de l'Avocat qu'il veut, au-delà de toutes frontières.

Sous l'angle des démarches, je reviendrai sur l'apport et l'action du Bâtonnier Mario Stasi sur la suite des évènements, pour la création de **Avocats Sans Frontière.**

2°) DEMARCHES AUPRES DE L'UNION INTERNATIONALE DES AVOCATS (U.I.A.).

J'ai déjà eu, sous l'angle de l'implication à la création du Mouvement, à faire état des démarches auprès du Bâtonnier Henri Grondin, Président en exercice de l'U.I.A à l'époque.

Je m'adressai également avec rapports suivis, au Président Juan Antonio CREMADES de cette Organisation mondiale.

Faisant suite à ma lettre collective envoyée aux Avocats du monde en date du 29 Septembre précitée, le Président CREMADES me répondit par une correspondance en date du 13 Novembre 1991 dans laquelle il écrit sur le sujet des **AVOCATS SANS FRONTIERE** et autres organisations que je voulais créer et mentionnées dans ladite lettre :

> ***« Paris le 13 Novembre 1991***
>
> ***Monsieur le Bâtonnier Titinga Frédéric PACERE***
>
> **……………………**
>
> ***Mon Cher Confrère et Ami,***
>
> ***Je vous remercie vivement de vos lettres du 29 Septembre dernier.***
>
> **………………………………………………**

J'ai été très heureux, ainsi que vous le savez, de compter sur votre aide et votre présence tout au long de ma présidence de l'Union Internationale des Avocats.

Je suis fier de savoir que nous allons continuer de travailler ensemble au sein du Comité de Direction.

Je transmettrai à la prochaine réunion de ce Comité, l'ensemble de vos propositions, parce que je considère qu'elles sont, d'un très grand intérêt.

En conséquence, j'espère, que nous pourrons réaliser cela, lors des Congrès et que nous serons donc en mesure d'avancer dans la voie que vous avez si bien indiquée.

Votre bien cordialement dévoué Confrère.

Juan Antonio CREMADES »

(Voir lettre en Annexe)

3°) DEMARCHES AUPRES DE LA CONFERENCE INTERNATIONALE DES BARREAUX (C.I.B.).

LE CONGRES DE YAOUNDE, DISCOURS DU BATONNIER MARIO STASI ET RESOLUTIONS TENDANT A LA CREATION DE AVOCATS SANS FRONTIERE.

Un grand Congrès de la C.I.B. s'est tenu à Yaoundé (Cameroun) du 11 au 14 Décembre 1991.

A la Séance solennelle d'Ouverture des travaux, le Bâtonnier Mario Stasi a prononcé un imposant Discours comme savent le faire les grands monstres sacrés de la Barre.

Relativement à la perspective de la création de l'Association des **Avocats sans Frontière**, la fin de son Discours a été d'un cours magistrale illustrant cette nécessité de Mission et d'Organisation des Avocats ; je reproduis ici, le passage de la fin du Discours intéressé de la matière :

> « **Monsieur le Ministre de la Justice, Garde des** Sceaux,
> Excellence Madame et Messieurs les Ambassadeurs,
> Mesdames Messieurs les hautes Personnalités,
> Messieurs les Hauts Magistrats,
> Madame le Président de l'Assemblée Générale des Avocats,
> Messieurs les Bâtonniers,
> Mesdames et Messieurs,
> Mes Chers Confrères,
>
> ....
> ....
> ....
>
> Pour vous dire l'idée dernière de mon propos, et il sera encore question de courage, d'indépendance et de solidarité, il me faudrait la force, le lyrisme et toute la conviction du Bâtonnier Frédéric TITINGA PACERE.
>
> A la Rentrée de la Conférence du Stage de Dakar, le mois dernier, il avait interpellé les plus jeunes d'entre nous, mais, nous tous aussi.
>
> Qu'est-ce que l'Avocat ?
>
> Qu'est ce que l'Avocat ? Répétait-il.

Et je le cite :

« Jeunes Confrères, votre choix est terrible.

Les simples encouragements d'un aîné ou de tous vos aînés, seront insuffisants pace qu'il faudra en plus, quelque chose de vous-mêmes, devant l'imprévisible, toujours aux aguets ; l'imprévisible pour l'avocat, n'est-ce pas une vue de l'esprit ? Il peut être et être au-delà de la chimère ».

« En début de carrière » disait-il, « nous avons défini l'avocat.....20 ans plus tard, nous hésitons à définir l'Avocat, de peur de ne pouvoir tout embrasser ».

Il ajoutait :

« La Défense n'est même pas une simple randonnée d'esprit en but souvent à des exactions et masochismes de l'histoire ; les corps en effet, ne sont pas épargnés, et prenant l'exemple de l'année écoulée et à ce jour et pour l'Afrique ».

....,............

Il énonçait l'un après l'autre, tous ceux de nos confrères arrêtés, incarcérés, maltraités.

Il me permettra de citer avec lui, c'est une façon de joindre nos cris aux siens, notre indignation à la sienne. Cette terrible litanie des malheurs de la Défense.

- Maître Noureddin BHIRI de TUNIS a été arrêté, incarcéré et sans possibilité de communiquer avec un Avocat.

- Les Avocats Togolais, le 5 Octobre 1990, sont chargés à coups de matraques et de crosses de fusils.

- Au Kenya, Maître John KHAMINWA, Maître Gitobu IMANYARA, Maître Mohamed IBRAHIM, sont arrêtés et emprisonnés en Juillet 1990 parce que dits, spécialisés dans la défense des détenus politiques ; libéré le 26 Juillet 1990, Maître IMANYARA a été de nouveau arrêté en Septembre 1990, libéré, il fut réincarcéré le 1er Mars 1991 ;

Arrestation également de Maître MIRUGI KARIUKI et Maître Rumba KINUTHIA le 8 Octobre 1990. Maître Kariuki avait déjà été détenu de 1986 à 1989 sans motif.

- Maître Mountaga Tall, du Mali, qui voulait pour son Pays, la Démocratie, poursuivi, traqué, a pu franchir la frontière dans une voiture maquillée et se réfugier dans mon Cabinet (C'est le Bâtonnier PACERE qui parle), sous une fausse identité à un moment où je venais à peine de sortir d'une suspension d'un an pour avoir, me l'a-t-on dit, insulté Monsieur le Ministre de la Justice de mon Pays avec sa Justice, dans plusieurs de mes écrits (ce que d'ailleurs, je n'ai jamais regretté).

- Ici même, quel sort a été réservé à Maître Pierre BOUABDA ? Pensons à lui.

- Les Cas de violations des Droits en Afrique du Sud sont autrement fréquents. Signalons entre autres, l'arrestation de Maître Y.B. SIBANYOONI et Maître, DUMINASI TABATA ; quant à Maître BHEKI MLANGENI, Avocat Constitué dans les dossiers de l'escadron de la mort, il recevait le 16 Février 1991 par la Poste, un Walkman lequel explosait dans ses mains et le tuait sur le coup.

C'est dans tous ces personnages, que le Bâtonnier PACERE a trouvé la définition de l'Avocat.

Il concluait :

« Mes Chers Confrères, l'Avocat, c'est tout cela ; c'est là qu'il trouve son bonheur, en fait, incommensurable, parce que, c'est un homme libre ; c'est un homme heureux, heureux par le bonheur des autres qu'il construit ou aide à construire ».

C'est tout cela que nous avons voulu et voulons vivre par la CONVENTION INTERNATIONALE DE SAUVEGARDE DES DROITS DE LA DEFENSE.

En lançant cette Convention, nous voulions des Avocats sans Frontières.

Le Bâtonnier PACERE suggère, et je me fais son interprète, que cette idée se concrétise.

Un Avocat appelle un Avocat pour l'aider à une tache impossible et néanmoins nécessaire, défendre un homme poursuivi pour ses opinions, sa religion ou sa race ; et il faut le défendre pour ses crimes aussi peut-être, et celui-là comme tout autre, doit être défendu.

Un avocat appelle un Avocat pour que, par sa présence, il aide à mieux défendre en toute liberté d'Avocat.

C'est une protection ; c'est une garantie d'indépendance ; c'est une aide au courage.

Fermons les yeux, taisons nous, laissons ce cri s'étendre en un point nouveau de notre terre, une nouvelle déchirure irrémédiable peut être dans la marche des hommes vers la dignité ; mais, si nous répondons à cet appel, commence alors, l'exaltante expérience de la solidarité des Avocats parlant la même langue à force d'entendre, les mêmes souffrances.

....

Voilà ce qu'il nous faut organiser, si nous voulons que ces initiatives ne soient plus le fruit heureux du hasard, ou, pour mieux dire, de la Providence.

Les besoins sont immenses de cette assistance pour une Défense plus Indépendante ; les connaissons-nous, tous ?

Aidons-les à se manifester par l'information que nous saurons donner à notre initiative et, ne croyez vous pas qu'en réponse, nombreux, très nombreux seront les Avocats qui seraient prêts à tenter cette aventure de la générosité, pour que naisse enfin, partout, l'idée que pour l'Avocat, il n'y a pas de frontière puisque la Défense, pas plus que la souffrance, n'a de patrie ?

Quelle belle tâche, pour notre C.I.B. n'est-ce pas, que d'être ce réceptacle des besoins et des offres, lieu de rencontre privilégiée, mais, de ces privilèges qui créent des devoirs.

Nous saurons ne pas nous dérober. »

Le Discours du Bâtonnier Mario Stasi, comme toujours selon les dépêches, fut longuement applaudi.

Le Bâtonnier Mario Stasi, par correspondance en date du 26 Décembre 1991, me faisait rapport de ce Congrès de la C.I.B. de Yaoundé et me transmettait son Discours et les Résolutions prises lors de cette rencontre : sa lettre était ainsi rédigée :

« ORDRE DES AVOCATS
A LA COUR DE PARIS

PARIS LE 26 DECEMBRE 1991

Monsieur le Bâtonnier
Titinga Frédéric PACERE
Avocat à la Cour
……………………...

Ouagadougou, BURKINA FASO,

CIB YAOUNDE
NR. MS/mcb

Mon Cher Bâtonnier,

Nous avons, comme tu l'imagines, regretté que tu n'aies pas pu être des nôtres à YAOUNDE.

Je t'ai fait part, dans mon courrier récent, de mon émotion, à propos des raisons de ton absence.

Je te prie de trouver ci-joint, pour te tenir informé, le texte des résolutions adoptées et me permets de t'adresser mon discours.

Tu pourras constater, que je t'ai largement cité et qu'au demeurant, je me suis fait ton interprète en ce qui concerne l'institution des Avocats Sans Frontière.

Bien amicalement à toi.

Bâtonnier Mario STASI »

(Voir cette lettre dans les Annexes)

Aux termes des Assises de cette C.I.B. de Yaoundé, une Résolution, proposée par le Bâtonnier Mario Stasi, a été prise en vue de la création d'une **COMMISION AVOCATS SANS FRONTIERES.**

Cette Résolution est ainsi libellée :

> **« SIXIEME REUNION DE LA CONFERENCE INTERNAIONALE DE BARREAUX DE TRADITION JURIDIQUE COMMUNE (C.I.B.)**
>
> **La C.I.B., réunie à Yaoundé (Cameroun) du 11 au 14 Décembre 1991,**
>
> **Réaffirme son souci que soit assuré partout et dans toutes circonstances, le respect des Droits de la Défense, exigence fondamentale de la Démocratie ;**
>
> **Rappelle que si la Liberté de circulation peut être réglementée par les législations nationales, aucune entrave ne peut être apportée au déplacement d'un Avocat qui va assister un Client, que ce soit dans son Pays ou à l'Etranger ;**
>
> **Décide d'étudier la création d'une « Commission Avocats Sans Frontière » qui veillera à apporter son soutien matériel, intellectuel et physique, aux Ordres ou aux Avocats en difficultés, ainsi qu'à tout individu qui**

souhaiterait l'assistance d'un Avocat Etranger ».

Sur la Résolution de la C.I.B., la NOTE POUR LE BULLETIN DU BATONNIER (Ordre des Avocats, Barreau de Paris) relate ce point dans son Rapport sur la 7ème Réunion de la C.I.B. à Yaoundé (CAMEROUN).

Le 13è alinéa du Compte Rendu est ainsi libellé :

> ***« La Conférence a voté plusieurs Résolutions dont l'une prévoyant la reconnaissance de la Notion « Avocats Sans Frontière » pour permettre à tout avocat, de toute personne appelée à être jugée, à recourir à un avocat de quelque pays que ce soit. Cette Institution, dans l'esprit de la Charte Internationale des droits de la Défense, signée à Paris en Janvier 1987, doit conduire dans le ressort des Barreaux intéressés par la C.I.B. à la Constitution d'une structure appelée à recueillir les besoins et demandes et à recevoir les offres de service qui pourraient émaner des Cabinets intéressés par cette façon de marquer leur solidarité à l'égard de leurs confrères défavorisés ou menacés dans l'exercice de leur indépendance professionnelle ou même, de leur intégrité physique. »***

(Voir le document annexé dans les présentes).

Cette Résolution de la C.I.B. du 14 Décembre 1991 est d'une grande importance car, elle signifie que l'ensemble des Barreaux francophones de la Planète était partie prenante de l'institution d'une Association **AVOCATS SANS FRONTIERE** même si la Résolution fait état « **d'étudier la création d'une Commission** » que d'aucuns souhaitaient comme étape préalable ou même comme finalité c'est-à-dire, organe permanent relevant de la C.I.B.

Pour moi, c'est l'esprit de cette Résolution qu'il fallait considérer ; toute action en ce sens serait de la grandeur de la C.I.B., à l'intérieur ou à l'extérieur, mais d'une construction de la C.I..B. ou de ses membres et se réclamant d'elle.

« Ce qui grandit la rivière, grandit forcément le crocodile »selon un dicton africain.

L'organisme que je voulais était de la construction et de l'agrandissement de la C.I.B. et de l'U.I.A. qui l'auront enfanté ; je relevais aux plus haut degré des Organes dirigeants de ces deux Institutions qui m'honorent et c'est un honneur pour moi de me réclamer d'eux, de leur auréole et de leur construction.

Une singularité qui illustre.

Quand la C.I.B. prenait sa Résolution le 14 Décembre 1991 pour création d'une « Commission » **d'Avocats Sans Frontière**, le Lancement que j'envisageais de **Avocats Sans Frontière** était déjà arrêté, la date connue (le 24 Janvier 1992), le lieu connu, Barreau de Bruxelles ; il suffit de se rappeler de la lettre du Bâtonnier Magnée à moi du 4 Décembre précitée sur laquelle j'avais marqué mon accord de principe pour s'en convaincre ; le Bâtonnier Mario Stasi, outre le Bâtonnier Magnée, le savait aussi ; il recevait ampliation de toutes les lettres et il était initiateur aussi de plusieurs idées et suggestion que je lui sollicitais sur sa confiance et sa disponibilité ; mais, il nous fallait à tous, dans notre conviction et notre foi, la couverture de la C.I.B. quitte à ce que cette C.I.B. entérine des démarches entreprises pour leur donner plus de force, sinon plus de légitimité en regard des hommes et de leurs actions.

Cette présence de la C.I.B. acquise, il s'imposait comme prochaine étape, l'organisation pratique tendant au Lancement de l'Association.

Il est à reconnaître, que les relations et échanges ont été très serrés, constants et suivis tout au long de cette période surtout début Novembre 1991, jusqu'au jour du lancement de l'Association, le 24 Janvier 1992.

Après la lettre du 26 Décembre précitée du Bâtonnier Mario Stasi au Bâtonnier Magnée qui marque et témoigne de notre parfait accord à 3, après mon propre accord, (le Bâtonnier Mario Stasi, le Bâtonnier Magnée et moi), il ne restait plus que l'organisation matérielle du lancement c'est-à-dire, les Invitations (qui recoupent celles de la Rentrée de l'Ordre des Avocats de Bruxelles), le lieu exact à déterminer pour la cérémonie (à Bruxelles, certes, Palais de Justice mais dans quelle Salle), la forme du Lancement .....Etc.

4°) DEMARCHES AUPRES DU BARREAU DE BRUXELLES ET LIEU DU LANCEMENT DE L'ASSOCIATION

Ma Lettre du 29 Septembre 1991 est à considérer comme le sésame pour la création de l'Association **Avocats Sans Frontière.**

Comme je l'ai dit, je l'ai adressée à environ 250 Avocats à travers le monde.

Je l'adressai en particulier, au Bâtonnier Edouard JAKHIAN de Bruxelles, Ami du Bâtonnier Mario Stasi, que j'ai connu de par le passé ; celui-ci me répondit par lettre en date du 25 Novembre 1991 (Réf. EDJ/ND 125 dudit jour): je reproduis un extrait de la lettre, cette lettre se retrouvant dans les Annexes de cet ouvrage) :

«JANSON BAUGNIET –ASSOCIES

..

Bruxelles

Bruxelles le 25 Novembre 1991

A

Monsieur le Bâtonnier Titinga Frédéric PACERE
....

Ouagadougou, Burkina Faso
Monsieur le Bâtonnier,

J'ai reçu, il y a quelques jours, votre lettre du 29 Septembre, pour laquelle, je vous remercie.

Dois-je vous dire que c'est sans aucune réserve que j'adhère personnellement à votre projet de créer les « Avocats sans Frontières » ?

Je vous félicite pour la générosité de votre idée.

Je considère cependant que si elle peut réunir, à titre personnel, des Avocats ou des Cabinets d'Avocats, elle devrait également mobiliser l'attention et les efforts des Barreaux du monde industrialisé.

Il en est spécialement ainsi, par ailleurs, des Banques d'Ouvrages et d'Equipements et des Organismes d'Aides de la Défense.

Je me permets dès lors de transmettre votre lettre à Me Xavier Magnée, Bâtonnier en exercice de l'Ordre Français des Avocats du Barreau de Bruxelles, à qui, j'en ai déjà parlé. Je ne doute pas que Monsieur le Bâtonnier Magnée se mettra incessamment en rapport avec vous.

En espérant avoir le plaisir de vous rencontrer à nouveau, à l'une ou à l'autre occasion, je vous prie de croire, Monsieur le Bâtonnier, à l'assurance de mes sentiments fidèles et très amicaux.

<u>***Edouard Jackhian »***</u>.

Cette Lettre du Bâtonnier Edouard JAKHIAN de Bruxelles est très importante pour la création de **Avocats Sans Frontière** pour plusieurs raisons :

Elle se fonde expressément sur ma lettre du 29 Septembre 1991 envoyée aux Avocats à travers le monde pour création des **Avocats Sans Frontière** ; le Bâtonnier l'avait reçu il y a quelques jours par rapport à sa réponse à moi.

Le Bâtonnier JAKHIAN adhère pleinement au projet de cette création et pour sa réalisation, il précise qu'il transmet ma lettre au Bâtonnier en exercice, le Bâtonnier Xavier Magnée de l'Ordre Français des Avocats de Bruxelles et lui en a fait état, avant de me réserver suite de ma lettre.

Le Bâtonnier JAKHIAN dit que le Bâtonnier en exercice, le Bâtonnier Magnée se mettra certainement en rapport avec moi pour faisabilité de ce projet de création des **Avocats Sans Frontière.**

C'est donc par cette Lettre de ma part du 29 Septembre 1991 que le Barreau de Belgique s'est saisi du Projet par le Bâtonnier JAKHIAN ; les démarches ont été initiées en ce sens par le Bâtonnier JAKHIAN pour concrétisation du Projet.

Faisant suite à cette Lettre à moi du Bâtonnier JAKHIAN, m'avisant que le Bâtonnier en exercice de l'Ordre Français du Barreau de Bruxelles, le Bâtonnier Magnée, entrerait en contact avec moi sur ma lettre du 29 Septembre 1991 et la création de **Avocats Sans Frontière,** je recevais lettre référencée XM/CW/D.PRINC. 465 du 4 Décembre 1991 de Monsieur le Bâtonnier Xavier Magnée ; son contenu était le suivant :

« ORDRE FRANÇAIS DES AVOCATS DU BARREAU DE BRUXELLES

Palais de Justice, 1 000 Bruxelles

A
Monsieur le Bâtonnier Titinga Frédéric, PACERE
……………………………………
OUAGADOUGOU
Burkina Faso
Afrique

Par AVION

Bruxelles, le 4 Décembre 1991

Monsieur le Bâtonnier

Concerne : « Avocats sans Frontières »

Monsieur le Bâtonnier Jakhian m'a donné votre lettre du 29 Septembre 1991 et j'ai pris connaissance de la réponse qu'il vous a faite ce 25 Novembre 1991.

J'applaudis avec enthousiasme à votre excellente idée que partageais d'ailleurs déjà, le Bâtonnier élu à me succéder, actuellement, dauphin de l'Ordre, Me Pierre Legros.

Nous avons donc décidé de mettre à votre disposition, les forces les plus vives de l'Ordre Français du Barreau de Bruxelles.

Ne vous parait-il pas que nous pourrions profiter des Cérémonies de Rentrée du Barreau de Bruxelles, le Vendredi 24 Janvier, pour lancer le Mouvement avec

les Bâtonniers qui seront rassemblés à cette occasion dans la Capitale de l'Europe ?

Ce serait l'occasion d'annoncer nos objectifs précis, de faire le compte de nos alliances et de jeter les fondements d'une structure officielle dont la présidence vous revient, bien entendu.

Je constitue à Bruxelles, une Commission composée de Monsieur le Bâtonnier Jakhian et de Monsieur le dauphin Pierre Legros.

Vous recevrez très bientôt les invitations que le Président de la Conférence du Jeune Barreau doit lancer pour les Cérémonies de Rentrée à Bruxelles, qui auront lieu les 23, 24 et 25 Janvier 1992.

J'adresse copie de la présente à Monsieur le Bâtonnier Jakhian et à Monsieur le dauphin de l'Ordre, Maître Pierre Legros.

Je saisis cette occasion de vous renouveler, Monsieur le Bâtonnier, l'expression très chaleureuse de ma haute considération.

Le Bâtonnier de l'Ordre

Xavier Magnée

cc. : Monsieur le Bâtonnier Edouard Jakhian
M e Pierre Legros, Dauphin de l'Ordre »

(Souligné par l'auteur de l'ouvrage).

Cette Lettre à moi de Monsieur le Bâtonnier Xavier Magnée est très importante pour l'histoire de la création et du lancement de l'Association **Avocats Sans Frontière.**

Elle appelle les observations suivantes :

C'est ma toujours lettre du 29 Septembre 1991 adressée aux Avocats du monde, adressée en particulier au Bâtonnier Jakhian de Bruxelles qui lui a été répercutée pour information, appréciation, dispositions, qu'accompagnait copie de la Lettre du Bâtonnier Jakhian à moi du 25 Novembre précitée.

Le Bâtonnier Magnée applaudit avec enthousiasme à l'idée de création de **Avocats Sans Frontière** que je propose.

Monsieur le Bâtonnier Magnée, Bâtonnier en exercice de l'Ordre Français des Avocats du Barreau de Bruxelles me spécifie que lui et son Barreau ont décidé de mettre à ma disposition pour lancement de l'Association **« Les Forces les plus vives de l'Ordre Français du Barreau de Bruxelles ».**

Sur ce lancement, Monsieur le Bâtonnier Magnée de l'Ordre Français des Avocats de Bruxelles précise qu'il s'agira par ce lancement **« d'annoncer nos objectifs précis .....Et de jeter les fondements d'une structure officielle dont la Présidence vous revient bien sûr »** (c'est-à-dire que **la Présidence me revient, revient au Bâtonnier TITINGA FREDERIC PACERE,** initiateur de cette création, Présidence donc de l'Association Avocats Sans Frontière).

Monsieur le Bâtonnier Magnée m'informe au point de vue organisation pour le lancement de l'Association, qu'il constitue **« à Bruxelles, une commission composée de Monsieur le Bâtonnier Edouard Jakhian et de Monsieur le Dauphin Pierre Legros ».**

Il précise qu'il envoie copie de cette lettre à moi, copie à Monsieur le Bâtonnier Jakhian et Monsieur le Dauphin de l'Ordre, Pierre Legros.

C'est dire que cette Commission pour appui à mon initiative, créée pour compter du 4 Décembre 1991, composée des deux éminents Confrères, le Bâtonnier Jakhian et le Dauphin Pierre Legros l'a été sur fondement de ma lettre du 29 Septembre 1991 et pour faisabilité du projet pour la Rentrée du Barreau de Bruxelles, le Vendredi 24 Janvier 1992.

Monsieur le Bâtonnier Magnée me propose pour lancement de l'Association, la date du 24 Janvier 1992 (dans pratiquement 1 mois et demi à la réception par moi, de la lettre).

Il me propose le cadre de la Rentrée du Barreau de Bruxelles, donc à Bruxelles (Palais de Justice).

A l'époque de la réception de cette Lettre, beaucoup de points restaient à résoudre dans le cadre du Projet de lancement de l'Association.

Le choix de la Ville à abriter les assises pour création de l'Association n'avait pas été fixé ; j'avoue que j'avais plusieurs propositions allant de l'Afrique à l'Europe, mais en réalité, il n'y avait que de propositions de Confrères ; aucune proposition à moi, de Confrères, n'avaient encore l'aval de leurs Barreaux.

Même si j'avais eu des propositions fermes, (ce qui n'était pas encore le cas), le problème de l'organisation matérielle à impliquer des coûts certainement d'un montant même si on pouvait envisager que les Avocats supportent leurs déplacements et séjours, n'était pas encore résolu ; or ici, le Bâtonnier Magnée me fait une proposition qui résout plusieurs incertitudes à la fois ; la Ville et le Barreau étaient proposés ; à moi de me prononcer ; de même, la problématique des coûts pour déplacement des Confrères et des Invitations à faire se trouvent résolus ne serait-ce qu'en regard de la perception ici du Barreau de Bruxelles quant aux Confrères et personnalités à être conviés à une telle rencontre de création de l'Association ; le Barreau belge pense répondre d'invitations à la mesure de l'importance de l'Association à créer.

Cette lettre de Monsieur le Bâtonnier Magnée de Bruxelles me faisait des propositions pertinentes, fiables, opportunes dans mes recherches et très heureuses ; je me sentis convaincu.

Mon problème, c'était aussi, le délai ; mais là, si le Barreau de Bruxelles affirme qu'il peut prendre en charge les coûts matériels et l'organisation pratique, m'avisant qu'il me ferait parvenir une Invitation pour lancer l'Association, je pense que je pouvais me satisfaire de cette confiance et de tout ce qui pourrait être fait d'ici là par ce Barreau qui a même créé une Commission pour ce faire.

Vu l'urgence due à l'imminence du jour éventuel pour le lancement, sur appellation pour recueillir mon avis, même provisoire, je marquai mon accord pour le lieu et le jour du lancement, afin de dispositions en la matière, mais précisai que par confraternité, j'en ferai état pour observations notamment au Bâtonnier Mario Stasi qui faisait des démarches auprès de la C.I.B., l'U.I.A et autres sur ma sollicitation.

Du fait en effet que j'ai fait état de ce Projet au Bâtonnier Mario Stasi, que j'ai souhaité l'implication de la C.I.B. et de l'U.I.A dans ce lancement, j'adressai une lettre le 23 Décembre 1991 au Bâtonnier Mario Stasi pour recueillir son avis sur les propositions du Bâtonnier de Bruxelles ; (la lettre de Monsieur le Bâtonnier Magnée du 4 Décembre 1991 m'a été envoyée par la Poste et pour l'époque ; elle a tardé à me parvenir).

Dans ma lettre à Monsieur le Bâtonnier Mario Stasi, j'écrivais :

«Me Titinga Frédéric PACERE Ouagadougou le 23 Décembre 1991
Bâtonnier de l'Ordre
....
Ouagadougou
A
Monsieur le Bâtonnier Mario Stasi
....
PARIS

Objet : AVOCATS SANS FRONTIERE

Mon Cher Bâtonnier et Ami,

Bien merci pour ta lettre qui fait en détail, le point de la problématique de l'Institution d'un organisme d'Avocats Sans Frontière.

....

Je constate avec joie que l'initiative est bien appréciée et saluée........

....

J'ai reçu de notre Ami, le Bâtonnier Magnée, la lettre que je t'envoie ci-après ; peux-tu analyser ce qui peut être fait ; peut-on dans le cheminement que tu suggères, faire relever cela du Contexte de la C.I.B., s'agissant de Bruxelles ; si, oui, peux-tu voir, ne serait-ce que de manière informelle puis, concrète, comment impliquer Messieurs les Bâtonniers et amis communs, Guy Danet (C.I.B.), et Henri Grondin (U.I.A.) et Monsieur le Président élu de l'U.I.A. et toutes autres organisations et personnalités. Peux-tu nous proposer la voie à suivre, particulièrement à moi.

Ce sont les fêtes, mais, vu le délai que je pose cette proposition importante, peux-tu d'urgence voir ce qui peut être fait et m'aviser par Fax, si possible, afin que je réponde au Bâtonnier Magnée.

....

Mon amical souvenir.

Me T.F.

PACERE »

Cette Lettre fut envoyée par Fax dudit jour (23 Décembre 1991).

Il est à noter que quant à faire relever le lancement et la création de **Avocats Sans Frontière** de la C.I.B. que je suggère ici après en avoir précédemment et plusieurs fois fait état au Bâtonnier Mario Stasi, celui-ci, au jour de ma lettre présente, (23 Décembre 1991), avait déjà fait prendre une Résolution en ce sens par la C.I.B. en son Congrès de Yaoundé, le 14 Décembre 1991 mais, je n'en étais pas encore avisé ; je le serai plus tard par sa correspondance en date du 26 Décembre

1991, me faisant le point des assises de ce Congrès et me transmettant, tant les Résolutions prises dont celle à intéresser **Avocats Sans Frontière**, que son Discours mémorable lors de ce Congrès ; (voir plus loin).

Le Bâtonnier Mario Stasi marquait ainsi son accord et le soutenait en se justifiant sur cette candidature à moi du Barreau de Bruxelles pour lieu du lancement de **l'Association Avocats Sans Frontière** et m'informait de tous les mérites que cela supposait, toutes les perspectives heureuses que cela pouvait supposer.

Je confirmai par téléphone vu l'urgence, mon accord définitif pour le Lancement de l'Association à Bruxelles, aux jour et lieu proposés par monsieur le Bâtonnier Magnée.

Concernant l'implication et la Couverture de l'Union Internationale des Avocats (U.I.A.) par son Président, (Bâtonnier Grondin), comme je l'ai précédemment spécifié, j'avais de bonne heure sollicité la tutelle de cette Institution et la présence physique du Président Grondin (j'étais son Conseiller Spécial au Comité Exécutif), au jour et au lieu du lancement si celui-ci devait par bonheur, intervenir un jour ; le Président Grondin et je reviendrai là-dessus, a été plus tard à la fin des démarches de constitution, à Bruxelles et a assisté au Lancement de l'Association.

Le même jour de ma lettre suscitée du 26 Décembre 1991, lendemain de Noël, le Bâtonnier Mario Stasi adressait une lettre au Bâtonnier Magnée de l'Ordre Français des Avocats du Barreau de Bruxelles dont copie à moi.

Je tiens à préciser que pour l'avènement de l'Association **Avocats Sans Frontière**, le Bâtonnier Mario Stasi et moi avons travaillé sans désemparer tous les jours et toute la période de Noël et du Nouvel An 1991 ; nos contacts étaient multiformes et tous azimuts.

Je ne peux reproduire toutes nos formes de démarches ; elles furent nombreuses.

Sur la lettre suscitée du 26 Décembre 1991 du Bâtonnier Mario Stasi, celui-ci écrivait ainsi au Bâtonnier Xavier Magnée :

« Paris, le 26 Décembre 1991
A
Monsieur le Bâtonnier Xavier Magnée Ordre Français
Des Avocats du Barreau de Bruxelles
……………………………….

AVOCATS SANS FRONTIERE
NR/ MS/mcb

Monsieur le Bâtonnier,

Monsieur le Bâtonnier Frédéric Titinga PACERE a eu l'obligeance de m'adresser copie de la lettre qu'en date du 4 Décembre, tu lui as fait parvenir.

Nous avons pu nous entretenir de ce problème à l'occasion de nos entretiens de Yaoundé.

J'en ai fait part au téléphone au Bâtonnier PACERE et je lui confirme cette position par la lettre que je lui envoie ce même jour et dont je t'adresse copie.

Cela m'est une fois l'occasion de te dire combien l'initiative du Barreau de Bruxelles m'apparaît opportune ; si tu pense que je peux aider à cette réalisation à laquelle l'amitié du Bâtonnier PACERE veut m'associer, compte tenu également de ce qu'il s'agit d'une des conséquences de la CHARTE INTERNATIONALE DE SAUVEGARDE DES DROITS DE LA DEFENSE, je reste à ton entière disposition.

Je t'adresse d'ailleurs également à cet effet, copie de la lettre que j'avais envoyée dans un premier temps au

Bâtonnier PACERE et de celle que je lui envoie en réponse à celle qu'il m'a envoyée le 23 Décembre..

...

Je souhaite seulement que des occasions semblables et de travail et d'amitié se retrouvent ; elles sont inappréciables.
Bien amicalement à toi

....

<u>Bâtonnier Mario STASI</u>

P.J. ».

Le même jour (26 Décembre 1991), le Bâtonnier Mario Stasi m'adressait une lettre me faisant un rapport sur le Congrès de la C.I.B., qui s'est tenu à Yaoundé au Cameroun ; comme j'ai eu à le spécifier plusieurs fois et rappelé dans des correspondances antérieures, j'ai souhaité que **Avocats sans Frontière** et son lancement se fassent sous l'égide de l'U.I.A ; (j'étais appelé ici au Comité Exécutif, Conseiller Spécial du Président) et la présente Organisation, la C.I.B. dont je suis Membre Fondateur et le Bâtonnier Mario Stasi Secrétaire Exécutif depuis la création ; cette grande Organisation la C.I.B. regroupe les Barreaux de Traditions Juridiques Communes (Civil Law) ; c'est une Culture juridique qui m'a personnellement formé, fasciné et à laquelle j'ai préféré toujours adhérer et défendre de toute mon âme même si je devais connaître d'autres expériences de concepts juridiques et d'administration de Justice différents dans le monde.

Je ne pus, à mon corps défendant et j'étais inquiet, me rendre à cette Conférence de Yaoundé qui devait prendre une Résolution tendant à la Création comme je le voulais comme parasol, de l'Association **AVOCATS SANS FRONTIERE**.

Mais, j'en fus heureux ; mon Ami le Bâtonnier Mario Stasi, s'exprimant lors de ce Congrès de la C.I.B. dont il est le Secrétaire Exécutif, s'exprimant de ses convictions (sa philosophie de la Défense et de l'Avocat), s'exprima le plus éloquemment et le plus officiellement du monde à ma place ; je reproduis qui m'émeut, la partie de son Discours faisant état de moi ; il fit adopter la Résolution et des dispositions emportant la consciences des Barreaux de la C.I.B. pour création et adhésion à **Avocats Sans Frontière** ; m'envoyant par la suite les documents, il m'adressa une lettre sur ce Congrès mémorable qui me concernait au plus haut degré, mais pour lequel je ne pus, effectuer le déplacement.

Dans sa lettre de ce 26 Décembre précitée, il est ceci à relever :

« ORDRE DES AVOCATS PARIS le 26 Décembre 1991
A LA COUR DE PARIS

Monsieur le Bâtonnier Titinga Frédéric PACERE
…………………………………………
OUAGADOUGOU BURKINA FASO

CIB YAOUNDE
NR/ MS/ mcb

Mon Cher Bâtonnier

Nous avons, comme tu l'imagines, regretté que tu n'aies pas pu être des nôtres à YAOUNDE.

Je t'ai fait part dans mon courrier récent, de mon émotion à propos des raisons de ton absence.

Je te prie de trouver çi joint, pour te tenir informé, le texte des Résolutions adoptées et me permets de t'adresser mon Discours.

Tu pourras constater, que je t'ai largement cité et qu'au demeurant, je me suis fait ton Interprète en ce qui concerne l'Institution des Avocats Sans Frontières.

Bien Amicalement à toi.
Bâtonnier Mario Stasi. »

TROISIEME PARTIE

LANCEMENT DE L'ASSOCIATION « AVOCATS SANS FRONTIERE » ET PATERNITE DE LA CREATION

A/ DISPOSITIONS PRATIQUES TENDANT AU LANCEMENT DE L'ASSOCIATION « AVOCATS SANS FRONTIERE »

Le 2 Janvier 1992, j'adressai une correspondance à Monsieur le Bâtonnier Magnée pour confirmer mon accord pour le Lancement à la date suggérée par lui, soit le 24 Janvier 1992 et au lieu également proposé, le Palais de Justice de Bruxelles à l'occasion de la Cérémonie Solennelle de Rentrée de l'Ordre des Avocats du Barreau Français de Bruxelles ; il est à retenir de cette lettre, les passages suivants de pertinence pour la circonstance :

« Maître Titinga Frédéric PACERE
Ouagadougou le 02 Janvier 1992

....

Bâtonnier de l'Ordre

Ouagadougou

....

V/R. XM/CW/D. PRINC. 465
AVOCATS SANS FRONTIERES

A
Monsieur le Bâtonnier Xavier Magnée
Ordre Français des Avocats du Barreau
De Bruxelles
Palais de Justice
1000 Bruxelles

Monsieur le Bâtonnier et Cher Ami,

Je reçois votre Lettre du 4 Décembre 1991 ; je vous remercie et, à travers vous, notre Ami, Monsieur le Bâtonnier JAKHIAN de l'accueil réservé à l'éventualité d'une Institution d'Avocats Sans Frontière et autres projets.

Je serai heureux du Lancement du Mouvement, à l'occasion des Cérémonies de Rentrée du Barreau de Bruxelles, le 24 Janvier.

Vous serait-il possible, d'aviser le grand nombre d'Ordres et d'Avocats et également, d'Organisations en la matière telles que notamment, les Présidents de l'U.I.A., la C.I.B., Conférence des grands Barreaux d'Europe, Union Interafricaine des Avocats ....ETC

Je prendrai toutes dispositions pour être à votre Rentrée Solennelle.

Le problème, à mon niveau, reste les possibilités financières vu, notre situation confrontée avec l'existence par grand monopole en leur faveur, d'Avocats Fonctionnaires ; serait-il possible d'envisager une prise en charge en la matière ; je lutte de toute façon, pour une solution.

Sous l'angle pratique, pourriez vous me réserver suite, sur l'organisation pratique du lancement ; vu l'urgence, pourriez vous me contacter par Fax.

..

Mon amical et confraternel souvenir.

Me T.F. PACERE »

(Cette Lettre a été envoyée le jour même par FAX à Monsieur le Bâtonnier Magnée ; toutes ces lettres sont dans les Annexes de ce Livre).

Cette Lettre, officiellement, marquait mon accord pour le lancement, mon accord sur le lieu, le jour et je donnais des indications pour les Invitations ; pour les différents aspects de l'Organisation pratique du Lancement, j'ai souhaité avoir des précisions de ce qui se passe sur le terrain afin de tout suivre.

Le même jour (2 Janvier 1992), j'adressais une autre correspondance par Fax, à Monsieur le Bâtonnier Mario Stasi de Paris par laquelle je lui transmettais copie de ma Lettre précitée à Monsieur le Bâtonnier Magnée ; j'y écrivais entre autre :

> ***« Maître Titinga Frédéric PACERE Ouagadougou le 2 Janvier 1992***
> ***Avocat à la Cour***
> ***Bâtonnier de l'Ordre***
> ***……………………***
>
> ***Ouagadougou, Burkina Faso***
>
> ***Affaire : Avocats Sans Frontière***
> ***VR/ MS/ mcb***
>
> ***Monsieur le Bâtonnier Mario Stasi***
> ***…………………………………***
> ***Paris, France***
> ***Mon Cher Bâtonnier et Ami,***
>
> ***Suite à notre Communication Téléphonique, je réponds à Monsieur le Bâtonnier Magnée, pour apprécier favorablement le Lancement du Mouvement « AVOCATS SANS FRONTERE » ; çi après, Copie de ma Lettre.***
> ***…………………………………………………***
>
> ***Bien Amicalement***
> ***<u>Me T.F. PACERE »</u>***

Le 10 Janvier 1992, j'adressais une Lettre à Monsieur le Bâtonnier Jakhian, avisant que Messieurs les Bâtonniers de Bruxelles et de Paris avaient pris toutes dispositions pour que je vienne à Bruxelles lancer l'Association **AVOCAT SANS FRONTIERE** et le remerciais de certaines diligences faites :

« Maître Titinga Frédéric PACERE Ouagadougou le 10 Janvier 1992
Avocat à la Cour
Bâtonnier de l'Ordre
....
Ouagadougou, Burkina Faso

A

Monsieur le Bâtonnier Edouard JAKHIAN

....

....

BRUXELLES
Mon Cher Bâtonnier et Ami

Je reçois votre Fax et vous remercie de votre cordial et bienveillante attention.
..

Messieurs les Bâtonniers de Bruxelles et Paris ont pris des dispositions pour me permettre d'être à Bruxelles pour le Lancement de l'Organisation des Avocats Sans Frontière ; nous aurons l'occasion de nous revoir et je vous remercie pour tout ce qui a été fait par vous.
...

Bien amicalement
Me T.F. PACERE »

Le 15 Janvier 1992, j'adressai une lettre par FAX du même jour, à Monsieur le Bâtonnier de l'Ordre Français des Avocats du Barreau de Bruxelles (Mr le Bâtonnier Magnée) ; j'y posai le problème de la médiatisation de l'évènement, nécessaire comme support pour début immédiat de nos engagements de missions de l'Organisme **Avocats Sans Frontière** que je lancerai le 24 Janvier prochain ; on y relève :

« Maître Titinga Frédéric PACERE
Ouagadougou, le 15 Janvier 1992
Avocat à la Cour
Bâtonnier de l'Ordre
……………………
Ouagadougou, Burkina Faso

Affaire : Avocats Sans Frontière

Monsieur le Bâtonnier de l'Ordre
Français des Avocats du Barreau de Bruxelles
…………………………………………

Monsieur le Bâtonnier et Cher Ami.

Merci pour tout ce qui est fait pour moi et vos Fax du 13 Janvier dont j'accuse réception.

…………………………………………

Je mesure, qui honore tous les Avocats du monde, l'importance de l'évènement, et l'effort entrepris par votre éminent Barreau.

Une idée , en outre, me vient eu égard à la noblesse et à la grandeur de l'entreprise, de tels Mouvements, surtout, à l'origine, devant utiliser l'effet médiatique, même si, l'action, répondra de l'essentiel.

Pensant particulièrement aux Etats du Tiers Monde où l'information circule difficilement, alors qu'une

telle œuvre, relèvera de leur grand intérêt ; serait-il possible de convier la Presse surtout en cette Capitale de l'Europe, écrite, parlée, télévisuelle (Radio Bruxelles, la Voix de l'Allemagne, Radio France Internationale, la B.B.C., Radio Vatican......ETC) pour couvrir l'évènement ; cela pourrait, au-delà de l'information stricte, sensibiliser déjà à notre optique, les Victimes en situation, pour un espoir, avec leur concours déjà avisé, et nous même, prendre la mesure de notre responsabilité, au-delà de la conscience, que nous avons, certes déjà ; il s'agit simplement de suggestions déjà entendues par votre Autorité dont, j'en suis convaincu, d'autres initiatives, avec elles, sont déjà prises.

...

Vous remerciant une fois de plus, je vous prie de croire, Monsieur le Bâtonnier et cher Ami, en mes sentiments confraternels et dévoués.

Me T.F. PACERE »

Après avoir suggéré et fait prendre toutes dispositions pratiques pour le lancement de l'Association, il ne restait à mon niveau que mes propres dispositions pour le déplacement Je m'organisai en conséquence.

B/ PATERNITE DE L'INITIATIVE DE LA CREATION DE L'ASSOCIATION « AVOCATS SANS FRONTIERE ».

Entre temps, je reçus l'Invitation qui fut envoyée en fait à toutes les personnes physiques ou morales, à tous les Ordres d'Avocats et Avocats intéressés de l'Europe et du monde, à tous les Organes de presse identifiés d'intérêt pour le futur Mouvement ; cette formulation de l'Invitation faite par le Barreau de Bruxelles, répondait de l'histoire des origines de **AVOCATS SANS FRONTIERE** telle qu'en fait elle se présentait ; je reproduis ici, dans sa forme originelle, cette Invitation qui fut de formulaire générale qu'on devait compléter à la main sous l'angle du nom de la personne ou de l'organisme qu'on invitait :

« A l'occasion de la Fondation du Mouvement Humanitaire

« AVOCATS SANS FRONTIERES »

Sous l'Egide de la Conférence Internationale des Barreaux de Tradition Juridique Commune et à l'Initiative de

Monsieur PACERE, Bâtonnier de l'Ordre des Avocats du Burkina Faso,

Le Bâtonnier Xavier MAGNEE, et les Membres du Conseil de l'Ordre Français des Avocats du Barreau de Bruxelles prient ....(la personne invitée , ici,

Monsieur le Bâtonnier T. PACERE)

D'assister à la Cérémonie d'ouverture qui aura lieu le 24 Janvier 1992 à 10 Heures, au Palais de Justice, dans la Salle des Audiences Solennelles de la Cour de Cassation .

Palais de Justice
1 000 Bruxelles ».

L'Association « **Avocats Sans Frontière** », comme stipulé dans les Cartes d'Invitation, fut lancée par moi, parce que initiateur du Projet, sous l'égide de la C.I.B. comme je l'ai souhaité, en présence de l'U.I.A. en la personne de son Président, le Président Grondin, dans la Salle Solennelle de la Cour de Cassation Belge, le 24 Janvier 1992 à 10 heures.

Ce fut, je l'avoue, l'un des plus grands évènements de ma vie ; malheureusement et je tiens à le dire, la journée se termina pour moi et les Avocats Africains qui étaient présents (j'apprendrai, que je ne fus pas le seul de ce ressentiment et je reviendrai là-dessus), par un cauchemar.

La veille, Monsieur le Bâtonnier Magnée, Bâtonnier en exercice de l'Ordre Français des Avocats de Bruxelles, m'a informé que son Mandat à la tête du Barreau français de Belgique expirait le jour même et qu'il avait chargé le Dauphin Monsieur le futur Bâtonnier Pierre Legros, dans le cadre de la cérémonie du Lancement, de prononcer un discours introductif d'accueil des personnalités et des Invités, de me présenter, de me donner ensuite la Parole pour mon Discours de Lancement qui donnerait naissance à l'Association « **Avocats Sans Frontière** » ; cela, se faisait conformément à l'histoire de l'initiative, de la conduite du projet et des différentes données des démarches, dont la Résolution de la C.I.B., conformément aux données, figurant dans la Carte d'Invitation confectionnée pour le Lancement, envoyée aux Barreaux, aux Avocats, aux Personnalités.

La cérémonie se déroula comme prévue.

La Grande Salle prestigieuse des ans de la Cour de Cassation Belge a accueilli des personnalités de très hauts rangs :

- Des Hauts Magistrats qu'on me présenta au sortir de la Cérémonie tels que le Président LEGROS, Père du Bâtonnier entrant Pierre LEGROS ; des Représentant des Grands Barreaux et Institutions tels que le Président suscité de l'U.I.A. ; il y avait des Bâtonniers des Barreaux de Paris, du Sénégal (le Bâtonnier SENE), de Bruxelles (français), des Avocats des Barreaux de Moscou, du Gabon ; dans la Salle, j'ai perçu de nombreux avocats Italiens ; dommage, il ne fut pas dressée, ne serait-ce que discrètement, vu l'importance historique de l'évènement, une Liste de présence que j'avais cependant demandée avant le début de la cérémonie.

Il y avait beaucoup de personnalités qui n'étaient pas de la Défense, mais aussi, de la Culture ; j'avais insisté pour certaines Invitations.

Il y avait évidemment la Presse, écrite, radio, télévisuelle ; j'avais expressément demandé à ce qu'elle soit conviée pour diffusion de l'évènement, (voir mes correspondances suscitées, celle notamment du 15 Janvier 1992 adressée au Bâtonnier de l'Ordre des Avocats Français de Bruxelles).

Sur le déroulement de la Cérémonie, après qu'un présentateur ait introduit l'objet de cette Cérémonie, le Dauphin Bâtonnier Pierre Legros prit la parole, prononça son discours.

Comme cela avait été convenu et qui est logique, il termina ses propos en disant qu'il me donnait la parole pour mon discours de Lancement de l'Association **« AVOCATS SANS FRONTIERE ».**

De logique, si c'était lui qui avait lancé cette Association, il ne pouvait plus me donner la parole pour un Discours ; que pouvait d'ailleurs faire un Africain, dans cette prestigieuse Salle Solennelle de la Cour de Cassation Belge, s'il n'avait pas cette mission de haute portée historique ; il n'est pas Haut Magistrat de ce Pays pour s'y trouver ; en raison des circonstances, les Intervenants ne pouvaient être que des Avocats ; cet Africain avocat, n'est pas du Barreau de la Belgique ; il ne pouvait même pas être là pour introduire quelqu'un si lui-même n'était pas le personnage central qui légitime qu'il prenne la parole, et la parole en dernier ; l'ordre de prise de parole, outre les différents documents de l'historique de ce lancement, indique la personnalité qui a lancé ce Mouvement, qui devait donc de ce fait, clôturer les interventions et les discours ; après effectivement mon discours prononcé qui se terminait par le fait que j'ai dit que je lançais le Mouvement **« Avocats Sans Frontière »**, il n'y eut plus de prise de parole, il n'y eut plus d'autre orateur, sous réserve du Présentateur qui déclarait la fin de la Cérémonie.

Je pris donc la parole, prononçai mon Discours et terminai en disant que je lançais l'Association « **Avocats Sans Frontière** » ; j'adressai évidemment au début de ma prise de parole, ma profonde gratitude en particulier à l'U.I.A dont le Président Grondin était dans la Salle, à la C.I.B. dont le Secrétaire Exécutif, cheville ouvrière à mes côtés, des démarches et de cette création, le Bâtonnier Mario Stasi de Paris, n'était pas là, retenu à Barcelone sur importante contrainte ; mes remerciements au Barreau français de Belgique qui nous accueille dont son Président sortant, le Bâtonnier Xavier Magnée qui fit l'organisation jusque la veille encore, de ce lancement ; mes remerciements à tous ceux qui ont pris part à toutes les démarches depuis le Congrès de l'U.I.A. à Mexico, depuis ma lettre du 29 Septembre 1991 adressée aux Avocats du monde ; mes remerciements à toutes les personnalités présentes à la Cérémonie, mes remerciements à la Presse venue couvrir l'évènement ; je fis l'historique, la genèse qui a conduit au Lancement du Mouvement ; j'ai défini les objectifs attendus de cette Association, la mission sacrée des **Avocats Sans Frontière** telle que je l'envisageais et ce qu'elle pouvait supposer d'activités, de sacrifices, de noblesse, mais d'écueils, de risques à tous instants ; à preuve, je fis référence pour que ces Avocats qui s'engageront dans ce Mouvement et qui seront envoyés de par le monde sachent que la mort peut être, toujours sur leurs sentiers, je fis référence à l'éminent Confrère Belge, cruellement abattu dans cette même Salle solennelle qui nous accueille, pendant sa pleine plaidoirie, dans une affaire de criminalité exacerbée et dont on m'avait fait état la veille ; l'épouse de ce regretté Confrère, elle-même devenue Avocate, devait être dans la Salle de ce qu'on m'avait dit ...etc. ; je terminai en souhaitant une vie de travail intense au service de l'humanité, au service des hommes et contrées sous nécessités ; je souhaitai à l'Association, une prospérité qui n'aura pas de terme, une force toujours de Jeunesse, à répondre pleinement de ses objectifs initiaux de la Robe de l'Avocat, et du cours de son histoire ; à la fin de mes propos, je lançai, le Mouvement, « **Association AVOCATS SANS FRONTIERE** » .

Ce fut un grand évènement.

La presse me saisit au sortir de cette cérémonie.

Le Barreau Belge convia par la suite les Avocats et Délégations venus pour le Lancement, à se retrouver dans une Salle pour échanges.

On ne s'adressa plus à moi.

Il nous fut remis à cette rencontre, un document soit dit, genre de communiqué de presse sur la fondation de **Avocats Sans Frontière**, genre Acte ou Charte de création de l'Association.

Le document disait textuellement ceci : (je le reproduis dans les annexes de l'ouvrage dans sa forme authentique).

> ***« XM/RL/Dos.Princ. 461 « Avocats sans frontières »***
>
> ***Les Barreaux soussignés***
>
> ***Vu les articles 10 et 11 de la déclaration universelle des droits de l'homme,***
>
> ***Rappelant la mission du Barreau et plus précisément que le rôle de l'avocat se justifie partout où le droit de défense doit s'exercer,***
>
> ***Rappelant que l'avocat exerce sa mission librement en faveur de celui qui recourt à lui,***
>
> ***Rappelant que la profession d'avocat se caractérise par la mission qui lui est impartie de contribuer, de manière indispensable, à l'administration de la justice,***
>
> ***Considérant qu'il faut encourager la coopération internationale lorsqu'elle est nécessaire pour résoudre les problèmes d'ordre juridique ou judiciaire, en développant ou en encourageant le respect des droits de l'homme et des libertés fondamentales pour tous, sans***

discrimination de race, de sexe, de langue ou de religion,

Réaffirmant le principe sacré de l'état de droit,

Préoccupé par le sort des victimes de violation des droits de l'homme ou de leurs droits politiques et de situations d'urgence du même ordre,

Considérant que le fait de laisser les victimes de telles situations sans assistance juridique ou judiciaire représente une atteinte à la dignité de l'homme,

Souhaitant vivement, que les Barreaux puissent répondre rapidement et efficacement aux besoins d'assistance juridique et judiciaire exprimés par les personnes concernées ou dénoncées par l'opinion publique,

Considérant qu'à côté de l'action des Barreaux directement concernés localement, la rapidité et l'efficacité d'une assistance juridique et judiciaire reposent souvent sur le concours et l'aide des barreaux extérieurs agissant de façon impartiale dans un but strictement humanitaire.

1-Confirment le droit et le devoir d'assistance des avocats dans le cadre de la mission traditionnelle du Barreau

2-Décident d'organiser en commun, chaque fois que les circonstances l'exigent, pour la défense des droits de l'homme ou des droits politiques ou dans toute situation d'urgence du même ordre, l'assistance des personnes mises en cause en quelque pays que ce soit,

3-Prient instamment les états concernés de faciliter l'exécution de ce qui précède. »

Comme on le constate :

Il n'est nulle part fait état de la C.I.B. et de sa Résolution de Yaoundé dont on s'est réclamé dans les Cartes d'Invitation.

Nulle part, il n'est fait état du Bâtonnier PACERE du Burkina Faso dont on a fait référence dans les Cartes d'Invitations comme **initiateur** du Projet de création de **Avocats Sans Frontière.**

Nulle part, il n'est fait état de l'U.I.A. dont le Président Grondin était dans la Salle du Lancement, Lancement dont l'idée est en fait partie du Congrès de l'U.I.A. qu'il a présidé à Mexico et Morelia.

On constatera aussi qu'il n'est même pas spécifié ici clairement qu'il s'agit, de la Charte de Lancement de **Avocats Sans Frontière.**

En fait, comme je l'ai précédemment spécifié, il y avait des ambiguïtés (pas à mon niveau), dans la conception de **Avocats Sans Frontière** à divers niveaux.

On pensait d'abord à une réflexion sur la matière (c'est ce qui légitime ici la décision d'organiser en commun **« chaque fois que les circonstances l'exigent pour la défense des droits de l'homme ou des droits politiques ou dans toute situation d'urgence du même ordre...l'assistance des personnes...** »).

On pensait aussi à des Commissions à relever de la C.I.B. ou de l'U.I.A.

Quand l'idée fut lancée par moi, de création de **Avocats Sans Frontière** il y avait des hésitations à plusieurs niveaux ; ce texte, comme c'est l'évidence, n'a pas eu le courage comme je l'ai clairement affirmé, il y avait seulement quelques instants dans la Salle de Lancement, disant que je lançais AVOCATS SANS FRONTIERE et que donc AVOCATS SANS FRONTIERE était lancé, ce texte a continué de parler « **d'organiser en commun chaque fois que les circonstances l'exigent,....l'assistance des personnes mises en cause...** » ; ce texte laisse même à croire qu'on ne pensait pas que j'allais lancer l'Association AVOCATS SANS FRONTIERE, mais suggérer qu'on s'organise pour s'organiser plus tard, **si des circonstances l'exigent, sur « l'assistance des personnes mises en cause** » ; ce texte ne répondait pas de la situation actuelle puisque le Mouvement était lancé, et tous reconnaissent et affirment qu'il a été lancé et qu'il faut déjà travailler sur une Association créée ; on a repris donc une ancienne réflexion pour perspectives d'avenir et l'appeler « **Charte du Lancement** ».

Sous réserve de cela, il nous fut dit qu'on allait rédiger le projet de Statuts et nous ressaisir à toutes fins utiles dans nos Pays respectifs.

Il nous fut également dit qu'on allait nommer des Présidents ou Membres d'Honneur et qu'on nous saisirait.

La Séance qui fut courte, fut levée dans une confusion totale ; moi-même j'avais le vertige.

Le Doyen d'âge des Bâtonniers africains à la Cérémonie demanda à ce que les Avocats africains, se retrouvent pour échanges ; on se réunit en effet (les Avocats africains), pour quelques minutes ; il nous lança ceci :

> ***« Bâtonnier Pacéré, tu as fait honneur à la Défense, honneur à l'histoire de l'Avocat en initiant cette grande œuvre de création de l'association des Avocats Sans Frontières, qui est partie donc de l'Afrique et cela nous honore , nous, Africains, particulièrement.***
>
> ***Seulement, de ce qui vient de se passer au sortir du Lancement, l'Afrique sera le parent pauvre de cette Association qu'elle a initiée et portée sur les fonds baptismaux ; on t'a déjà écarté ; on nous a déjà écartés ; on pensera, à l'Afrique, comme ce sera toujours le cas, quand on pensera qu'elle a faim, même de droits ; on pensera même à sa place pour lui apporter ce qu'on supposera lui être de l'aide ; on pensera à elle pour justifier des Budgets de fonctionnements de***

l'humanitaire et quêtes de ressources et financements auprès de bailleurs ; on pensera que l'Afrique est toujours le Continent et le seul Continent malade ....».

Nous nous sommes donc tous quittés, abasourdis et quitté la Belgique.

Je n'étais pas au bout de mes peines et de mes surprises.

Comme je l'ai précédemment dit, le Bâtonnier Magnée m'avait dit la veille du lancement que son Mandat expirait le jour même et qu'il avait donc chargé le Dauphin Bâtonnier Legros de me présenter à l'assistance pour le lancement ; j'avais parlé du Bâtonnier Magnée dans mon Discours ; du fait aussi que le lancement se faisait dans la Salle solennelle de la Cour de Cassation, je voulus un minimum d'informations sur les grands évènements de cette Salle ; on m'apprit qu'un Avocat y avait trouvé la mort par un escadron de la mort ; en pleine plaidoirie, il fut abattu ; on me dit que l'épouse de ce regretté Confrère, avocate elle-même, serait à la cérémonie du Lancement ; mon discours fut dès lors, grandement remanié pour tenir compte de ces évènements majeurs ; or, à l'époque, je ne connaissais pas l'Ordinateur ; tout était fait à la main et après saisi à la machine mécanique par moi ou ma Secrétaire ; je n'avais pas de cette machine à Bruxelles dans la nuit ; je rédigeai pratiquement un discours gravement remanié et n'avais que mon seul manuscrit.

Quand je finis de prononcer le Discours, le Bâtonnier Legros me demanda le texte pour saisie par la secrétaire de l'Ordre, pour les Archives du Mouvement et pour la Presse qui le demandait, pour diffusion ; je précisai de faire vite mais aussi, de me ramener le manuscrit, car écrivain et auteur de plusieurs ouvrages, je préservais tous mes manuscrits ; il me dit que tout me sera remis dans l'après-midi.

Le soir je le poursuivis pour récupérer le manuscrit ; il me répondit que la saisie n'était pas terminée ; je le poursuivis jusqu'à quitter la Belgique ; de mon Pays, je continuai de réclamer ce Discours ; aucune réponse.

Je reproduis dans les annexes, une de mes correspondances, celle du 22 Juillet 1992, continuant de réclamer ce discours et le manuscrit ; dans cette lettre, j'écrivais ceci :

« Maître Titinga Frédéric PACERE
Ouagadougou, le 21 Juillet 1992
Avocat à la Cour
Bâtonnier de l'Ordre
……………………

Ouagadougou, Burkina Faso

A
Maître Pierre LEGROS
Bâtonnier
409, avenue Louise
1050 BRUXELLES
Belgique

OBJET : Mon Discours, Avocats Sans Frontière

Monsieur le Bâtonnier

J'ai l'honneur de vous rappeler mon confraternel souvenir et vous prier, suite à mes correspondances antérieures restées sans suite, de me tenir le plus rapidement du possible, le texte de mon Discours que j'ai prononcé à la Cérémonie Solennelle de lancement de « Avocats Sans Frontière ».

Comme déjà précisé, je veux conserver tous les manuscrits de mes discours.

Vous serait-il possible de me faire retour de ce manuscrit que j'ai dû vous laisser, le document n'ayant pas été dactylographié.

Votre bien dévoué

Me T.F. PACERE »

A ce jour, je n'ai pas toujours de suite de mes correspondances et pas de texte de mon Discours de Lancement de **Avocats Sans Frontière** ; selon certaines rumeurs, mon discours qui a lancé l'Association **Avocats Sans Frontière**, a disparu des archives de **Avocats Sans Frontière.** A-t-il même un jour fait partie de ces Archives ?

J'ai dit que je n'étais pas au bout de mes peines et de mes surprises.

En fin de l'année dernière (2008) qui impose le présent ouvrage, un confrère africain qui était ce 24 Janvier 1992 dans la Salle du Lancement de **Avocats Sans frontière** à Bruxelles, puis, au Congrès de la C.I.B. de Yaoundé Congrès qui a pris la Résolution pour création de l'Association **Avocats Sans Frontière**, m'a dit avoir vu et lu un ouvrage qu'il me fait parvenir avec un mot :

« Monsieur le Bâtonnier Pacéré,

Sous réserve je le crois,

De l'U.I.A qui voudra comprendre,

De la C.I.B. qui voudra comprendre,

Des Confrères Africains en particulier qui ont lutté et pris avec les Confrères du monde de la C.I.B. de Yaoundé, la Résolution tendant à la création de Avocats Sans Frontières de votre initiative, qui voudront comprendre,

Moi, je veux par vous, comprendre ».

Je pris le livre, et restai longtemps désorienté, bouleversé, interdit, contrarié jusque dans mes sentiments d'amitiés et de confiances.

Le Livre a pour **Titre : « L'EXIGENCE HUMANITAIRE, Le devoir d'ingérence ».**

Il a pour **Auteurs** : **PIERRE LEGROS et MARIANNE LIBERT.**

La Préface est de : **BERNARD KOUCHNER.**

Editions **: Les Presses du Management, Paris, Juin 2000.**

A la 4ème page de la Couverture, il est écrit :

> **« Pierre LEGROS est avocat et ancien Bâtonnier du barreau de Bruxelles ; il a fondé Avocats Sans Frontière en 1992 avec le soutien de Bernard Kouchner ».**

Dans le texte de Préface de Monsieur Bernard Kouchner, on lit aux pages 14 et 15 de l'ouvrage :

> ***« Pierre LEGROS, le Fondateur d'Avocats Sans Frontières n'était pas homme à se prosterner devant les Lois oppressives.................***
>
> **...**
>
> ***Je me souviens de la première visite que me fit Pierre Legros. Cet avocat de grande notoriété voulait créer Avocats Sans Frontières. Il s'animait, le bourgeois belge, et se transformait sous mes yeux en combattant des rues ! Son organisation fut et demeure une grande réussite et un soutien majeur pour les victimes et les barreaux persécutés du tiers monde ».***

Je l'ai dit, je suis désorienté, bouleversé.

Il fut, avant les considérations pour lesquelles j'ai pris ces passages, terrible pour moi, qu'on ait laissé sous entendre que l'association **Avocats Sans Frontière** (et c'est moi qui l'ai lancée dans les conditions et concours d'Institutions et Avocats Confrères comme je l'ai spécifié), devait avoir pour cibles, ne serait-ce que privilégiées, les conditions seulement des « **victimes et les barreaux persécutés du Tiers monde** » ; L'Afrique, est de ce Tiers Monde ; mon Pays le Burkina Faso, classé dans le Barème des Instances financières de l'ONU pour l'année 2007-2008, relève des 3 (trois) pays les plus pauvres de la Planète ; je suis de cette Afrique dont on dit qu'elle n'a rien inventé, pas même le fil à couper le beurre, et qu'elle n'inventera rien et dès lors, pas des **Avocats hors de leurs Frontières** ; mais il faudra néanmoins un jour, rendre à César ce qui est à César, en rendant à Dieu, ce qui est à Dieu ; ce n'est pas seulement dans les Pays pauvres que se développe le monopole, que s'entretient et s'exprime, la Culture des violations des droits de l'homme, dans l'arrogance qui interdit l'assistance, la Culture de la malignité nocive de Pouvoirs, à nécessiter la présence de l'Avocat extérieur, de l'Avocat Sans Frontière, implicitement entendu dès lors de Pays civilisés des droits, civilisés, parce que riches ; je ne développe pas plus avant, ma pensée ici, parce que en fait, et ici, tout simplement, je voulais comprendre ce qui est écrit par rapport à la création de l'association **Avocats Sans Frontière.**

En effet :

Quand je suis arrivé à Bruxelles pour le lancement de **Avocats Sans Frontière**, Monsieur le Bâtonnier Magnée, Bâtonnier en exercice de l'Ordre des Avocats français de Bruxelles qui présidait et organisait le Lancement, m'a dit qu'il a adressé plusieurs invitations en particulier à de hautes personnalités de l'Europe comme je l'ai moi-même souhaité (voir mes correspondances suscitées).

Il m'a dit que pour raison de similitudes de philosophies d'actions à entrevoir, il a invité pour le Lancement, Monsieur Bernard KOUCHNER, Secrétaire d'Etat Français à l'Action Humanitaire, (de la Fondation de Médecins Sans Frontières) ; que malheureusement cette haute personnalité ne pourra pas venir, mais a envoyé un Message qu'il me remet pour la Circonstance de soutien ; je reproduis ce message à la fin de l'ouvrage dans les Annexes :

Dès les premières lignes, le Message stipule :

> ***« Message de Monsieur Bernard KOUCHNER, Secrétaire d'Etat à l'Action Humanitaire, adressé à l'occasion de l'inauguration du mouvement « Avocats Sans Frontières » le 24 Janvier 1992 à Bruxelles.***

Monsieur le Président de la Cour de Cassation,
Messieurs les magistrats,
Monsieur le bâtonnier,
Chers Maîtres,

J'ai été très sensible à l'invitation que vous m'avez adressée au nom du Barreau de Bruxelles pour cette cérémonie au cours de laquelle, aura lieu, la fondation d' « Avocats Sans Frontières.... ».

Cette éminente personnalité européenne précise ainsi, dans le début de son message qu'elle est **invitée à prendre part à l'évènement du lancement** de l'association **Avocats Sans Frontière** et **remercie pour cette Invitation.**

Comment à la 4ème page de ce livre dont je fais état, il a pu être écrit dès lors :

« (Pierre Legros) a fondé Avocats Sans Frontière en 1992 avec le soutien de Bernard Kouchner ... ».

Comme par ailleurs susdit, Monsieur le Bâtonnier Magnée m'a dit qu'il a invité Monsieur Bernard Kouchner pour cette Cérémonie ; l'invitation est la Carte d'Invitation que j'ai déjà produite ici avec simplement dans les pointillés, à mettre le nom de la personne invitée, moi, « Bâtonnier Titinga F. PACERE » ou autre personne dont, Monsieur Bernard KOUCHNER.

Je l'ai relevé, l'invitation est claire et stipule :

« A l'occasion de la Fondation du Mouvement Humanitaire « Avocats Sans Frontières », sous l'égide de la Conférence Internationale des Barreaux de Tradition Juridique Commune et à l'initiative de Monsieur PACERE, Bâtonnier de l'Ordre des Avocats du Burkina Faso, le .... Prient ......d'assister à la cérémonie d'ouverture qui aura lieu .... »

Comment dès lors, après avoir reçu cette Invitation et sur fondement des termes de cette Invitation, il a pu être écrit dans la Préface du Livre sans frémir :

> *« Pierre Legros, le Fondateur d'Avocats Sans Frontières... ».*

Ce livre a été publié comme susdit en l'An 2000 ; le Lancement de l'association a eu lieu le 24 Janvier 1992 ; le Journal dudit jour **« LE SOIR DE BELGIQUE »** relatant l'évènement de la création de **Avocats Sans Frontière** dans la Ville (Bruxelles), a écrit dans son Edition du 24 Janvier 1992 qui devait servir :

> ***« DES AVOCATS DE BRUXELLES CREENT « AVOCATS SANS FRONTIERES ».***
>
> ....
>
> ***L'initiative est née de Me PACERE, Bâtonnier au Burkina Faso..... ».***

(Voir la page du Journal dans les Annexes de cet ouvrage).

J'ai trop de considération surtout, à ce haut sommet de responsabilités et de consciences d'hommes que je respecte, surtout objectivement couverts de Palmes d'honneurs et de travaux au service de l'homme, au service de l'humanitaire ; mais l'histoire, ne doit pas être dénaturée, se conjuguer avec des contrevérités préjudiciables à d'autres, se conjuguer avec des méconnaissances d'efforts d'autres hommes qui ont, eux aussi, droit à la Justice et à la reconnaissance collectives des hommes, mais, de tous les hommes.

Je rappelle ici les termes pertinents pour ce développement, de la lettre de Monsieur le Bâtonnier Magnée, Bâtonnier en exercice à l'époque de l'Ordre Français du Barreau de Bruxelles en date du 4 Décembre 1991, référencée XX/CW/D.PRINC.465 adressée à moi, suscitée et reproduite en annexe de cet ouvrage :

«Monsieur le Bâtonnier Titinga Frédéric PACERE

....

Nous avons décidé de mettre à votre disposition les forces les plus vives de l'Ordre Français du Barreau de Bruxelles.

...

Ce serait l'occasion d'annoncer nos objectifs précis, de faire le compte de nos alliances et de jeter les fondements d'une structure officielle dont la présidence vous revient, bien entendu.

Je constitue à Bruxelles, une Commission composée de Monsieur le Bâtonnier Edouard Jakhian et de Monsieur le Dauphin Pierre Legros.

J'adresse copie de la présente à monsieur le Bâtonnier Jakhian et à monsieur le Dauphin de l'Ordre, Maître Pierre Legros.

... ».

Le Dauphin, Pierre Legros a reçu ampliation de cette lettre dans laquelle le Bâtonnier en exercice de son Barreau, son Bâtonnier qui le désigne à la Commission préparatoire, précise et lui précise donc que le Bâtonnier Pacéré sera le Président « **bien entendu** » de cette future organisation.

Il s'en infère de ce document, que c'est à partir de cette Lettre du 4 Décembre 1991 soit seulement, 1 mois 20 jours avant le lancement de l'Association **Avocats Sans Frontière**, que le Dauphin Pierre Legros a été impliqué à se joindre pour organisation du lancement de l'Association, dont les travaux ont été commencés et menés par d'autres depuis le 29 Septembre 1991, date de ma lettre collective aux Avocats du monde ; il a, de surcroît, reçu copie de cette Lettre du 4 Décembre du Bâtonnier de Bruxelles qui le désigne comme membre seulement du Comité d'organisation de la Cérémonie de lancement de l'Association.

Comment comprendre une telle récupération, une telle confiscation de droits, un tel comportement méconnaissant que les différents acteurs vrais et facteurs du travail, disposent de leurs documents conséquents, surtout qu'ils y ont souffert sur la tâche, de la vérité historique et auront le devoir, surtout qu'ils en subiront un préjudice le cas échéant, de l'information exacte sur leurs actions menées dans la construction de l'Avocat ; leur silence fera d'eux, de vulgaires usurpateurs futurs à tort, de titres, d'actions émérites, conçues et menées par d'autres.

QUATRIEME PARTIE

MALAISES DES ORIGINES DE LA CREATION DE « AVOCATS SANS FRONTIERE »

A/ DE LA MECONNAISSANCE DE ROLES EMINENTS, D'ACTEURS DE L'U.I.A. ET DE LA C.I.B.

J'ai précisé qu'au sortir du lancement de l'association, j'ai été invité en même temps que les autres Confrères venus pour une réunion et qu'au cours de cette réunion qui fut courte, il nous fut dit que le Barreau Belge allait plus tard, rédiger les Statuts de l'Association, désigner des Membres d'honneur et nous en faire état.

Par correspondance en date du 30 Mars 1992 référencée, le Bâtonnier PL/CW/D.PRINC.465 de l'Ordre Français des Avocats de Bruxelles, j'étais informé de ceci :

> ***« A Monsieur F. PACERE,***
> ***Bâtonnier de l'Ordre des Avocats à la Cour***
> ***.................................***
> ***Ouagadougou, Burkina Faso***
> ***Afrique***
>
> ***Concerne : Avocats Sans Frontières***
>
> ***J'ai bien reçu votre lettre du 13 Mars 1992 et vous en remercie très vivement.***
>
> ***Nous avons déposé les statuts de l'asf « Avocats Sans Frontières » très récemment.***
>
> ***Je me permets de vous en adresser copie.***
>
> ***Je serais particulièrement heureux que votre Ordre soit membre de notre Association et que vous invitiez les membres de votre barreau à adhérer également à l'asf « Avocats Sans Frontières ».***
> ***..***

Je vous prie de croire, Monsieur le Bâtonnier, à l'expression de ma haute considération.

Pierre Legros
Dauphin de l'Ordre
Secrétaire Général de l'A.S.F »

(Voir la Lettre et les Statuts dans les annexes de l'ouvrage).

Vu mon rôle dans cette création de l'Association **Avocats Sans Frontière**, j'allais de surprise en surprise et sans préparation.

Je ne voudrais pas aborder beaucoup de domaines qui s'imposent cependant ; mais je lis simplement le texte des Statuts annexé à la Lettre :

L' Article 5 traite des Membres de l'Association :

« L'association se compose de membres associés et de membres d'honneur.

..

Les Membres d'honneur sont les personnes physiques et morales susceptibles de rendre des services importants à l'association ou qui ont apporté une aide décisive à la constitution de l'association. Sont dès à présent nommés membres d'honneur :

Monsieur le Bâtonnier VIGNANCOUR, Président de la Conférence des Bâtonniers de France

Le Bâtonnier Georges FLECHEUX, Bâtonnier de l'Ordre des Avocats du Barreau de Paris,

Le Bâtonnier, PACERE, Bâtonnier de l'Ordre des Avocats du Burkina Faso,

Le Bâtonnier SENE, Bâtonnier de l'Ordre des Avocats du Sénégal,
Le Bâtonnier Iris CAEZALU, Bâtonnier de Bucarest,
Le Bâtonnier LETOURNEAU, Bâtonnier de l'Ordre des Avocats de Montréal,
Le Bâtonnier Joseph TAPPER, Connecticut – USA »

Tout d'abord, quelques observations préliminaires sur le texte des Statuts envoyé à moi.

- A l'en-tête il est spécifié :

« AVOCATS SANS FRONTIERES »

Et sans autres spécification, réserves ou limitation. Il s'agit donc, de l'Association qui m'implique et que j'ai lancée ; je reviendrai là-dessus.

Le Préambule spécifie :

« L'an 1992, le ....

Il est formé entre les soussignés et les personnes physiques ou morales qui adhéreront au présent Statuts et rempliront les conditions fixées ci-après, une Association sans but lucratif qu'ils déclarent constituer entre eux ....
...

I. DENOMINATION SIEGE OBJET DUREE

Article 1

L'Association est dénommée « Avocats Sans Frontières » en abréviation
« A.S.F. »

L'article 3 fait référer l'Association, donc ses racines et Fondements à la C.I.B. Conférence Internationale des Barreaux :

> *« Article 3*
>
> ***La Conférence Internationale des Barreaux de tradition juridique commune a voté le 24 Janvier 1992 la motion suivante…………..***
>
> ***……………………………………………………»***

Sauf erreur, il ne s'agit pas du **24 Janvier 1992**, mais, du **14 Décembre 1991**, cette Motion de Yaoundé ; la date du 24 Janvier 1992 étant celle du lancement de l'Association « **Avocats Sans Frontière** » à Bruxelles par moi.

Sur l'objet de l'Association, il est spécifié dans cette Section I sus dénommée :

> ***« L'association a pour objet, vu la motion votée le 24 Janvier 1992……***
>
> ***…………………………………………………… »***

Cette Motion votée du 24 Janvier 1992, jour du Lancement par moi est celle dont il fut question à la réunion en ma présence au sortir du Lancement, regroupant les Bâtonniers et Avocats venus du monde pour la circonstance, qui spécifie que :

> ***« XM/RL/Dos.Princ. 461 « Avocats Sans Frontières »***
>
> ***Les Barreaux soussignés***
>
> ***Vu les articles 10 et 11 de la Déclaration universelle des droits de l'homme………***
>
> ***…………………………………………… ».***

Cette Association « **Avocats Sans Frontières** », dans sa dénomination, dans ses assises de références, est celle que j'ai eu à lancer donc le 24 Janvier 1992.

Cela ne pouvait pas engendrer d'autres paternités que de ce qui relève de l'histoire et du lancement de l'Association Avocats Sans Frontières du 24 Janvier 1992.

Mais, pour éviter des frustrations, cela devait entraîner des dispositions de devoirs de respect et de confraternité aux vrais acteurs de l'initiative et du lancement de cette association.

Dans ce même cadre d'identification de **AVOCATS SANS FRONTIERE**, un document portant historique de cette Association, confectionné par le Bâtonnier Pierre Legros et le Barreau de Belgique, a été envoyé partout à travers le monde ; j'en reçus copie.

Le document comporte 3 Volets :

1- Naissance d' « **Avocats Sans Frontière** » ;
2- L'A.S.B.L. **Avocats Sans Frontière ;**
3- Les Missions d' « **Avocats sans Frontière** ».

Dans le point 1, portant sur la naissance **d'Avocats Sans Frontière** il est stipulé :

> ***« Le 14 Janvier 1992, les Bâtonniers des Barreaux de Paris, du Sénégal, du Burkina Faso, de Bruxelles français, ainsi que des avocats membres des Barreaux de Moscou et du Gabon, ratifiaient à Bruxelles, la Charte « AVOCATS SANS FRONTIERES » rédigée sous les auspices de la Conférence Internationale des Barreaux de Tradition Juridique Commune et de l'Union Internationale des Avocats.***
>
> ***Dans les mois qui suivirent, cette Déclaration fut adoptée par de nombreux barreaux du monde entier.***

> ***L'Association « AVOCATS SANS FRONTIERES » était née. »***

De même, pour éviter toutes recherches de confusion, **l'Association Sans Frontière** en question est unique sous l'angle des revendications de paternité ; le livre (je reviendrai là-dessus, « ***L'Exigence Humanitaire, le devoir d'ingérence*** » de Maître Pierre Legros et Marianne Libert) ed.LPM, Paris, 2000, présentant « **Avocats Sans Frontière** »s'exprime ainsi (Page 170) :

> ***« Avocats Sans Frontière, organe de mise en application de la Déclaration Universelle des Droits de l'Homme devant les Tribunaux :***
>
> ***Afin de forcer les institutions étatiques à respecter les lois qui les gouvernent, afin de préserver le principe d'égalité, d'accès à la justice pour tous,***
>
> ***...***
>
> ***Les représentants de plusieurs Barreaux ont crée, à Bruxelles, en 1992, l'Association Avocats Sans Frontière.***
>
> ***Sa Charte fondatrice, ratifiée le 24 Janvier 1992, se réfère à la Déclaration de l'Union Internationale des Avocats (U.I.A.) sur l'accès à la Justice pour tous......... ».***

Il s'agit de l'Association que j'ai lancée le 24 Janvier 1992.

Mes développements et observations, voire, revendications portent sur cette Association de Charte ratifiée par les différents Barreaux de Bruxelles et extérieurs et les Avocats de toutes origines.

(Je précise que dans beaucoup de Documents de **Avocats Sans Frontière**, on fait état de la date du 14 décembre 1991, comme date du Lancement de l'Association ; cette date du 14 Décembre 1991 est celle de la prise de la Résolution de la C.I.B. à porter sur **Avocats**

Sans Frontière ; le Lancement de **Avocats Sans Frontière** a eu lieu le 24 Janvier 1992).

Du fait, que cette Association a été créée, est « née », était « née », sous réserves de mes revendications de vérité, son existence devait emporter des obligations envers les acteurs de premiers plans qui ont contribué à la porter sur les fonds baptismaux et à faire naître plus tard, « l'A.S.B.L.-AVOCATS SANS FRONTIERES » de Belgique.

J'ai eu, tout au long de mes développements dans la présente, à faire état des quêtes et appuis auprès des 2 organismes d'Associations d'Avocats :

- **L'Union Internationale des Avocats, (U.I.A.),** présidée à l'époque par Monsieur le Bâtonnier Henri Grondin du Québec.

- **La Conférence Internationale des Barreaux de tradition juridique commune (la C.I.B.)** dont le Secrétaire Exécutif est le Bâtonnier Mario Stasi de Paris.

On aura pu apprécier les différentes démarches et échanges de correspondances, surtout du Bâtonnier Mario Stasi de Paris qui ont, démarches, au plus haut degré, contribué au lancement de l'association.

Dans ma lettre du 2 Janvier 1992 précitée à Monsieur le Bâtonnier de l'Ordre des Avocats de Bruxelles et sous l'angle des Organismes et personnalités à convier à cette grande cérémonie du 24 Janvier 1992, j'écrivais au 4ème alinéa de ma Lettre :

> ***« Monsieur le Bâtonnier et Cher Ami,***
>
> **..**
>
> ***Vous serait-il possible d'aviser le grand nombre d'Ordres et d'Avocats et également, d'organisations en la matière telles que notamment, les Présidents de l'U.I.A., la C.I.B., Conférence des Grands Barreaux d'Europe, Union Interafricaine des Avocats ....etc. ».***

La C.I.B. et l'U.I.A. avaient joué un grand rôle quant à la conscientisation des Ordres et des Avocats pour cette création d'Avocats Sans Frontière ; leurs Présidents respectifs s'y sont consacrés surtout à un moment où les fêtes de fin d'année emportaient d'autres obligations et préoccupations.

En regard de cela, on constate au niveau des Membres d'Honneur, que ni, le nom du Bâtonnier Mario Stasi de Paris, ni le nom du Bâtonnier Henri Grondin du Québec ne figure.

Le Bâtonnier Henri Grondin avait effectué cependant le déplacement et était dans la Salle le jour du Lancement à Bruxelles ; je l'avais personnellement interpellé dans les civilités ; le silence sur sa personnalité dans le cadre des Membres d'Honneur est réellement des plus navrant ; on s'en rendra compte plus tard, même si cette situation restera dans la confidentialité pour éviter un malaise pour l'Association qui venait de naître et entre ces Hauts Responsables de la Défense qui se connaissent et s'apprécient mutuellement.

Le Bâtonnier Mario Stasi , quant à lui, n'avait pas pu effectuer le déplacement de Bruxelles ; il était retenu à Barcelone et nous en avait tous avisé ; ses multiples correspondances et démarches partout et sur les Tribunes de l'I.U.A. et de la C.I.B., ses correspondances avec le Barreau de Bruxelles, m'ayant demandé de tout faire pour que le lancement se fasse à Bruxelles, étaient connus de tous ; son nom, qui n'a pas figuré au premier acte parmi les Membres d'Honneur était véritablement regrettable sinon, un désastre ; mais, à aucun moment à ce jour, bâtisseur des pensées et de la compréhension, de la tolérance entre les hommes, il n'a manifesté quoi que ce soit en la matière et a tout fait pour la grandeur de l'association, la construction de la cordialité entre tous les acteurs de la création qui avait pris un choc, (je m'expliquerai plus loin), suite aux malaises engendrés.

La situation fut en effet sérieuse sur notamment ces oublis, et les comportements au sortir de la Cérémonie de lancement, les jours, les mois qui ont suivi.

Je ne peux faire des développements, parce que je ne peux utiliser des documents de pertinence ici, mais de confidentialité extrême entre Avocats, entre grands avocats ; mais ne pas aborder aussi la matière, même à demi mots, peut ne pas être de solution même après 20 ans pour construction d'un corps qui a besoin de l'énergie de toutes ses origines, encore qu'il s'impose de rendre justice aux vrais acteurs de la création d'**Avocats Sans Frontière.**

En regard de l'U.I.A. et du Président Grondin qui lutta beaucoup pour cette création de **Avocats Sans Frontière,** la lettre en date du 14 Avril, à lire entre les lignes, de Monsieur le Bâtonnier Mario Stasi de Paris et de la C.I.B. à Monsieur le Bâtonnier Magnée de Bruxelles, bien que n'étant plus en exercice, (mais il fut l'organisateur en chef de cette cérémonie du lancement), est révélatrice de la situation après le lancement de cette Association :

« ORDRE DES AVOCATS
Paris, le 14 Avril 1992
A LA COUR DE PARIS

Monsieur le Bâtonnier Magnée
Ordre Français des Avocats au Barreau de Bruxelles
..
Belgique

MS/SF
REF. AVOCATS SANS FRONTIERE

Mon Cher Bâtonnier

Avec quelque retard, je te redis mes félicitations pour l'initiative concernant la création du mouvement « Avocats Sans Frontière » officiellement lancé à l'occasion de la rentrée de la Conférence de ton jeune Barreau.

Nous en étions effectivement convenus lors de notre réunion de la C.I.B. au Cameroun, à la suite de la démarche initiale du Bâtonnier Titinga Frédéric PACERE dans le cadre du Congrès de l'U.I.A. de Mexico.

Il reste maintenant à mettre en œuvre de façon pratique cette initiative et je me tiens bien évidemment, à ton entière disposition à cet effet.

Il n'est pas inutile de rappeler qu'à la suite du Congrès de Mexico, et de la Lettre adressée à de nombreux Bâtonniers par notre ami Frédéric Titinga PACERE, Monsieur le Président Henri GRONDIN avait, dans le cadre des projets de l'U.I.A., suggéré la création d'une équipe de réflexion, autour du Bâtonnier Frédéric Titinga PACERE et à laquelle, il m'avait fait l'honneur de me demander de participer.

C'est dans ce cadre, que j'avais évoqué ce problème lors de mon discours de Yaoundé.

Il m'apparaît tout à fait opportun et utile, que le Barreau de Bruxelles, ait pris l'initiative d'un lancement officiel de l'opération, sous son égide et sous ton impulsion, comme sous celle de ton successeur, Monsieur le Bâtonnier LEGROS .

Toutefois, je me pose, la question de savoir, s'il ne te serait pas opportun, pour faciliter la mise en œuvre du projet, d'y associer activement l'U.I.A., qui en était en quelque sorte, l'inspiratrice.

……………………………………………………………...

Mes sentiments bien amicalement dévoués.

Bâtonnier Mario STASI ».

Me concernant, au sortir du lancement, les semaines et mois qui ont suivi, la correspondance du Bâtonnier Mario Stasi en date du 22 Juillet 1992 à moi en donne une idée ; on y relève :

« Paris le 22 Juillet 1992

Monsieur le Bâtonnier Titinga Frédéric PACERE

Ouagadougou, Burkina Faso
……………...

Mon Cher Ami,

J'ai bien reçu ta lettre du 25 Juin me faisant part des domaines d'action que tu avais envisagés et des sentiments un peu mélangés qui sont les tiens à la suite de l'opération « Avocats Sans Frontière ».

Je pense qu'il n'y a surtout pas lieu d'entretenir ce sentiment d'amertume que tu sembles manifester.

L'opération a été lancée grâce à toi, il convient maintenant de lui donner corps.

Le Bâtonnier de Bruxelles devrait, me semble-t-il, se rendre à Berlin dans le cadre du prochain congrès de l'UNION INTERNATIONALE DES AVOCATS, pour voir comment ce projet devrait effectivement s'inscrire dans la politique générale d'ensemble de notre Union.

Il serait opportun que tu aies eu l'occasion de t'y rendre toi-même, ce qui nous permettrait d'harmoniser nos points de vue.

Je te serais obligé de me dire si un tel projet entre dans tes possibilités pour que je prenne moi-même des dispositions en conséquence.

Je te précise, par ailleurs, que j'ai pu mettre déjà en pratique, l'idéal de cette association en intervenant aux côtés d'Avocats Burkinabé, mais, aussi, d'avocats sénégalais, maliens, et ivoiriens dans la défense des opposants politiques de Côte d'Ivoire.

Tu verras que nous pourrons achever la symphonie.

……………………………………………………..

Je t'adresse, mon Cher Bâtonnier et Ami, l'assurance de mes sentiments les plus cordialement dévoués.

Bâtonnier Mario STASI ».

(Voir cette Lettre dans les annexes ; j'ai fait état, dans ma lettre référée, de « symphonie inachevée » du fait de la non prise en considération de beaucoup de faits cependant indiqués).C'est à cela que fait référence cette lettre du Bâtonnier Mario Stasi.

Je me suis rendu à Berlin, au Congrès en question de l'U.I.A, comme souhaité en esprit de construction par le Bâtonnier Mario Stasi. ; deux problèmes y furent d'ailleurs abordés dont le malaise présent au sortir du lancement de l'Association ; je reviendrai sur le second problème qui concernait également **Avocats Sans Frontière** et sa création, sous l'angle d'autre approche de l'association par d'autres Juristes.

Ce que je voudrais dire ici à nécessairement clore le Chapitre, c'est que **« Avocats Sans Frontière »,** sinon les Avocats en général de notre temps présent, doivent beaucoup au Bâtonnier Mario Stasi qui s'oublie souvent lui-même, mais met tout en œuvre pour la construction de la Défense qui est sacrée et de ce fait, exige de tous, le devoir suprême du sacrifice même au-delà de nos raisons et convictions, sacrifice sans réserve, au service de l'Avocat et, de sa défense.

Comme susdit, le malaise fut grand, mais l'essentiel, de ce que beaucoup y ont vu, c'était le lancement, rappelé d'ailleurs par le Bâtonnier Mario Stasi dans sa lettre précitée à moi, du 22 Juillet 1992 ; l'Institution existe ; surtout, ceux qui ont besoin de l'Institution, croient et espèrent en son unité pour sa pleine action, condition sine qua non de leur propre survie, de leurs propres droits.

Et cela est possible ; et cela doit être possible.

B/ CONFRONTATION DE CREATIONS

La veille du lancement de **Avocats sans Frontière**, je fus approché par le Dauphin Pierre Legros à propos d'un problème de dernière minute.

Des Avocats Français de Montpellier ont contacté le Barreau de Bruxelles pour m'informer de ce qui m'a été dit par le Dauphin Pierre Legros, qu'ils ont eu aussi l'idée de créer une Association dont l'objet recoupe celui que j'entendais lancer ; il serait regrettable que les Avocats ou les Juristes créent des antagonismes entre eux sur des actions sommes toutes similaires au service du droit, des droits de l'homme ; l'Association qu'ils entendaient créer porte le nom de « **AVOCATS ET JURISTES SANS FRONTIERES** » ; il serait souhaitable le report du Lancement de l'Association de mon initiation, pour échanges et solution au mieux des intérêts des Avocats et des Juristes.

Il souhaitait mon avis.

Je répondis en substance, que :

> ***« Je suis vraiment pris de court ; l'Association Avocats Sans Frontière est prévue pour être lancée sous 24 heures ; les Invitations sont parties, les invités sont déjà présents dans cette Capitale de l'Europe ; je ne vois pas comment, à chercher même à éviter des antagonismes entre les Avocats surtout d'Europe, ce que je peux faire qui ne manquerait pas de légèreté blâmable de ma part, en regard même du Barreau Belge immédiat, pour ne pas parler de l'U.I.A. et de la C.I.B. ; il est à relever que la C.I.B. a pris une Résolu-***

tion pour cette création et dont la date leur a été annoncée car, les invitations étaient envoyées ».

J'ai dit au Dauphin Pierre Legros que je ne pouvais pas endosser cette responsabilité de dernière minute et ne l'assumerai pas.

« En dehors de cela, pour des raisons quelque peu personnelles à moi, tout en respectant l'initiative des Confrères, je ne vois pas les contours d'une Association d'Avocats et de Juristes ; c'est peut-être une question de Culture et de milieu ; chez moi, le Juriste c'est déjà l'Avocat, mais c'est le Juge, le Procureur, le Greffier, le Notaire, l'huissier, les Professeurs de Droits, les Etudiants en Droit, les stagiaires de droit qui peuvent ne relever que du secondaire des études, le policier, le gendarme ; c'est même les Maires et les Préfets dans certaines Régions, qui sont qualifiés d'Officiers de Police Judiciaire ; je ne vois pas très bien dans ma Culture, une philosophie d'action surtout « sans frontières » à pouvoir rassembler tout ce monde dont les uns sont forcément de l'indépendance d'esprit, d'autres de diktats de Pouvoirs, avec des frontières en regard de leur libre action, même devant des droits ; l'Avocat pour moi, c'est la Défense, la liberté de penser et d'agir ; si le « Juriste » peut avoir d'autres attributions à risquer d'impliquer la défense de l' « Accusation » ou d'autres attributs que je respecte, cela peut être trop pour une seule Organisation ; du fait que c'est un début, je préfère que les Avocats s'organisent et seuls entre eux, mais aussi, que l'autre approche, si les initiateurs l'estiment nécessaire, qu'ils s'organisent aussi ; plus tard, on pourra voir comment se rencontrer, échanger, collaborer, ou fusionner si c'est possible ; à mon sens, pour le moment, le terrain est vierge puisque aucune de ces sensibilités n'est lancée pour s'exprimer à occuper un espace ; il y a de la place pour tout le monde.

Sous l'angle de mes propres comportements, vu que nous ne sommes qu'à la veille du lancement, j'avoue que c'est plus que tard pour moi de reculer.

A réellement parler, sous l'angle des tempéraments et des coutumes, chez moi, on m'interpelle souvent par une devise :

« Le crapaud
Ne saute pas
A
Reculons ».

L'idée est que je suis un homme qui ne sait pas reculer surtout en certaines circonstances ; j'en suis conscient, surtout aussi que dans le même temps, beaucoup reconnaissent que je mets toujours un temps fort long avant de prendre une décision majeure à croire, qu'elle est légitime et mérite intérêt et sauvegarde ; l'idée est prise ; je l'assume ; je lancerai l'Association demain ; ensuite on pourra rencontrer en tant que de nécessité l'autre Association pour négocier ou pas. »

Le lendemain, jour du Lancement, le 24 Janvier, dans la matinée, le Dauphin Pierre Legros me rencontra à nouveau pour me dire qu'on me dit que je vais diviser les Avocats et les Juristes ; il souhaite avoir ma dernière position.

Je répondis que même si les règles de la confraternité m'obligent à la courtoisie, c'est le genre de choses qu'il ne faut pas me demander aujourd'hui quand surtout, les invités sont déjà dans la salle pour le lancement.

Il me répondit qu'il appuyait ma position et me comprenait.

Il est à noter que le Dauphin Pierre Legros m'a contacté toutes ces fois, parce que c'est moi qui devait lancer l'Association aux termes de toutes les démarches pour création de ce Mouvement, et non, une autre personne et avais seul donc, la solution du problème ; s'il était l'auteur du lancement ou si une autre personne avait la paternité de ce lancement, la réaction lui appartenait en toute exclusivité ou à cette personne.

Après le Lancement, je fus en effet approché par un Avocat de Montpellier ; l'entretien, je m'empresse de le souligner, fut cordial et confraternel ; il me dit simplement qu'avec un groupe de hautes personnalités du Droit, Avocats, Enseignants d'Université, ils ont commencé des démarches pour Institution d'une Association à impliquer les Objectifs de l'Association que j'ai lancée dans la matinée, mais aussi, des aspects à couvrir plus que ce qui peut relever strictement des compétences liées à la Profession d'Avocat ; que de retour en France, il allait me saisir par les instances supérieures de leur Organisme.

Il me contacta de toute évidence, parce qu'il savait que c'est moi qui lançait l'Association et qu'il m'a vu, ayant été dans la Salle du Lancement, il m'a vu lancer cette association après que le Dauphin Pierre Legros m'ait introduit à le faire après son discours donc d'introduction.

Si ce n'était pas moi qui avais lancé l'Association, il ne se serait pas intéressé ou adressé à moi, mais, à cette personne.

Je reçus en effet quelques jours plus tard, le 28 Février 1992 (mais datée du 30 Janvier 1992, lenteur du courrier), lettre de Me Alain OTTAN, Avocat du Barreau de Montpellier et de Monsieur Dominique ROUSSEAU, Professeur d'Université à Montpellier.

Ils m'avisaient de la création par eux d'une Association portant pour dénomination « **AVOCATS ET JURISTES SANS FRONTIERES** », appuyée par plusieurs personnalités de très haut rang telles que Madame LALUMIERE, Secrétaire Générale du Conseil de l'Europe et

Monsieur JOANET, Président de la Sous Commission des Droits de l'Homme de l'O.N.U.

Ils m'invitaient à leur prochaine Assemblée Générale qui devait se tenir le 4 Avril 1992 à la Faculté de Droit de Montpellier.

Maître OTTAN de Montpellier et le Professeur Dominique ROUSSEAU de l'Université de MONTPELLIER de **« Avocats et Juristes Sans Frontières »** se sont adressés dans leurs démarches à moi et non à une autre personne parce qu'il leur a été dit par leur envoyé, Maître Pierre PALIES, Membre du Conseil de l'Ordre du Barreau de Montpellier, que c'est moi qui ait lancé Avocats Sans Frontières ce 24 Janvier 1992 à Bruxelles et que c'était à moi seul que pouvait revenir la solution du Problème en question d'éviter des confrontations éventuelles entre les deux Associations.

Je produits aussi cette lettre en Annexe de l'ouvrage pour vérités de ce que j'écris.

Pour l'invitation à leur Assemblée Générale du 4 Avril 1992, je ne pus effectuer le déplacement ; à réellement parler, la période était difficile pour moi ; comme déjà dit, je sortais encore très difficilement de ma suspension d'exercice sous la Révolution ; des injonctions de cette Révolution, je n'avais plus de clientèle ; interdiction étant faite d'envoyer un quelque dossier là où l'Etat avait une participation du Franc symbolique ; la disposition était générale ; mais pour le restant du Privé, sous une période révolutionnaire, on ne voit pas le privé ou l'opérateur économique du Privé, saisissant cet Avocat atypique qui a eu le courage de contrarier la Révolution, sanctionné officiellement par une suspension d'exercice ; je ne pouvais pas avoir de moyens de déplacement ; il m'apparaissait aussi difficile de demander à ceux qui m'invitaient, de prendre en charge mes frais de déplacement et de séjour ; ils sont intéressés, et à raison ; quelle serait ma liberté de manœuvre dans une telle situation en abordant le problème pour lequel je me suis déplacé auprès d'eux et à leurs frais.

Pour ce problème et pour sa solution, je restais et reste toujours convaincu que l'Association **Avocats Sans Frontière** doit vivre de sa vie propre, faire son expérience que je conçois et trouve à être spécifique ; pour moi, dès qu'on entre dans le contexte de « **Sans Frontière** », le monde devient trop vaste et chacun peut, sinon, doit y avoir sa place.

Pour cette interpellation à moi, de possible difficile cohabitation à entrevoir pour l'avenir, j'avoue que j'étais aussi influencé par un entretien que j'ai eu avec **l'Abbé Pierre** le 9 Septembre 1990 à Paris (CHARENTON) en sa Résidence (4 mois environ avant le lancement de **Avocats Sans Frontière)** ; du long entretien qu'il m'accorda, je reproduis ici ses propos sur la matière qui nous intéresse ; ces propos de l'Abbé Pierre relèvent de mes dernières questions à ce Vénérable Homme d'Eglise, du Social, et de l'Humanitaire :

> « ....
>
> ***Maître PACERE*** ***: Mon Père, il y a de grandes personnalités, je pense au Père Joseph Wrésinski, je pense à Monseigneur, Don Elder Camara, et certainement à d'autres ; je ne sais pas si vous les avez rencontrées, l'une ou l'autre et ce qui est ressorti ou resté de vos rencontres ou de vos vies d'approches ou de cheminement.***
>
> ***L'Abbé Pierre*** ***: Vous savez, vous citez deux personnes, il y en a comme ça quelques autres qui sont pour moi de véritables frères.***
>
> ***Elder CAMARA, j'étais avec lui y a deux mois et demi et le Père Joseph a commencé son action dans, à l'intérieur d'Emmaüs ; c'est pendant une année où j'ai été très malade et complètement incapable de conduire les choses qu'une branche nouvelle est née avec les personnalités, caractères originaux du Père Joseph WRESINSKI qui a donné naissance à Aide à Toute Détresse Quart Monde ; c'est une action dont l'influence est considérable ; le Père Joseph a été un très proche de moi, ce que chacun avons retiré de***

l'autre, c'est difficile, c'est difficile de le résumer en quelques mots parce que ce sont des espèces d'intercommunications, de dialogues permanents où chacun est un encouragement pour l'autre en même temps, que chacun complète ce que le premier ne suffit pas à faire et avec une diversité.

Je crois, qu'il est très importante de respecter dans ce type d'actions, les diversités, les conditions et sensibilités qui favorisent, qui donnent, qui encouragent des initiatives diverses, quelques fois, on a tendance à penser, mais pourquoi n' y aurait pas qu'un seul mouvement social, unique, qui s'occuperait de tout, bien organisé, planifié.

Ce n'est pas vrai, il ne serait pas plus efficace ; il est beaucoup plus efficace s'il y en a selon les inspirations ; il faut que ce soit bien authentique et des gens bien d'aplomb, les pieds sur la terre, pour diversité et complémentarité ; il y a de la place sur la terre pour tous les travailleurs.

Pour illustration, s'il est un grand ou des grands domaines d'implications de balais et de nettoyage, il faut des éponges très différentes, il n'y a pas que de grands balais, il faut aussi pouvoir aller dans les bons coins, souvent fort éloignés ; les actions sont complémentaires, ce n'est pas du gaspillage, c'est de la multiplication d'initiatives, ce n'est pas trop ; on l'a bien vu avec les pays qui ont prétendu résoudre tous les problèmes, par Dikta de l'Etat ; par une pensée unique, cela fut suivi de l'effondrement, de la tombée en poussière des Régimes de l'Est ; on voit bien l'erreur qu'il y avait à croire qu' on atteindrait mieux, car on peut croire à la sincérité de la conviction de ceux qui soutenaient cette manière de faire ; on tire des leçons historiques, c'est pas vrai, ni sur le plan social, ni sur le plan économique, c'est pas vrai que la centralisa-

tion absolue, étatique, est, la voie royale du salut ; il faut qu'il y ait la pluralité d'actions, de réflexions, de coordinations, de coopérations respectant les diversités.

Maître PACERE : Je vous remercie infiniment, Mon Père, pour cette Considération à l'endroit de ma personne pour cet entretien.

Paris, Charenton, 09 Septembre 1990

Maître Titinga Frédéric PACERE ».
(Entretien avec l'Abbé Pierre)

L'Abbé Pierre me dit ainsi surtout avec le recul, que pour lui, ce fut une bonne initiative, cette nouvelle expérience de A.T.D. QUART MONDE du Père Joseph Wrésinski, (en fait dissidence), venue s'ajouter à celle existante qui a permis d'autres approches, d'autres actions salutaires pour l'humanité des personnes de l'indigence, qu'une seule organisation en l'occurrence, EMMAÜS seule, n'aurait pu faire.

En regard du problème présent, de pluralités d'associations, je restais convaincu que l'Association **Avocats Sans Frontière** qui venait de naître devait d'abord faire son expérience comme je le souhaitais, la voyais grande, incontournable et spécifiquement à ne pouvoir être faite que par elle ; avec le temps, on verrait pour la suite ; mais que d'abord, elle s'affirme au monde sur sa spécificité d'action.

Cependant, je restais perplexe de l'idée de division, d'altercation éventuelle entre les Juristes surtout dans le domaine de l'Humanitaire ; je ne voulais pas de cela par incompréhension ou jugements hâtifs des uns et des autres ; je ne le souhaitais pas, cette incompréhension, cette perspective de divisions à concerner déjà, les Avocats, outre, les Juristes.

Je saisis donc le Bâtonnier Mario Stasi du problème, par lettre du 28 Février 1992. du fait que cela concerne des Avocats et des Juristes Français qu'il peut connaître.

« Me Titinga Frédéric PACERE Ouagadougou, le 28 Février 1992
Avocat à la Cour
Bâtonnier de l'Ordre
……………………………..

Ouagadougou, Burkina Faso

A
Me Mario STASI
Ancien Bâtonnier
PARIS

OBJET: AVOCATS SANS FRONTIERE

Monsieur le Bâtonnier et Cher Ami,

A l'occasion de la mise sur pieds d'Avocats Sans Frontière le 24 Janvier 1992 à Bruxelles, j'avais été approché par un avocat du Barreau de Montpellier après la Cérémonie, me faisant état de la grandeur et de la noblesse de l'association ; qu'il allait me saisir plus tard, parce qu'avec des amis, ils avaient envisagé une organisation quelque peu similaire, mais, qu'ils étaient encore au stade de la réflexion.

Je reçois à l'instant de Maître Alain OTTAN, avocat à la Cour , 34400 LUNEL, lettre datée du 31 Janvier 1992 qu'accompagnent des documents pour institution le 4 Avril 1992 à la Faculté de Droit de Montpellier d'une Association dénommée « AVOCATS ET JURISTES SANS FRONTIERES ». Vu l'urgence, je vous envoie en Fax cette Lettre et :

- Déclaration d'intention et programme d'Assemblée Constitutive,
- Lettre de Madame, Catherine LALUMIERE,

- Lettre de Monsieur le Bâtonnier PETTITI (06-12-91), qui marque son inquiétude si une harmonisation n'était pas envisagée.

S'il s'était agi, d'une Association dénommée « JURISTES SANS FRONTIERES », la situation eut été moins complexe ; mais, ce chevauchement prévisible risque d'entraîner des problèmes à tous niveaux de l'opinion publique.

L'Association déjà née à Bruxelles le 24 Janvier a été précédée de démarches pour éviter justement tout cela, accord, parrainage, présence effective des premiers responsables des organismes internationaux d'Avocats, (U.I.A.), Conférence Internationale des Barreaux de Tradition Juridique Commune (C.I.B.), Union des Barreaux de l'Afrique de l'Ouest (UBAO) ....ETC.

Leur lettre est datée du 30 Janvier 1992, mais, ne m'est parvenue que ce jour ; (lenteur de la Poste).

Vous serait-il possible d'urgence de voir quelle attitude il y a lieu d'envisager, prendre tous contacts nécessaires en liaison avec le Secrétaire Exécutif Monsieur le Dauphin Legros Pierre et me suggérer quelle conduite à tenir.

S'il n'y avait pas une solution immédiate ou une harmonisation, je crains que les Avocats, les Organismes d'Avocats, les Pays entre eux, ne soient et pour le moins, perdus dans un vertige.

Votre bienveillance et votre diligence m'obligeraient.

Je vous..............................
...

Prie de croire, en mes sentiments amicaux, confraternels et dévoués.

<u>Me T.F. PACERE »</u>

(L'Association semble avoir été déjà constituée entre mes contacts avec les responsables et la réception des correspondances ; la date ultérieure qu'on m'avait communiquée pour invitation correspondait à une Assemblée Générale de l'Association déjà constituée).

Saisissant quelque peu en catastrophe mon Ami, le Bâtonnier Mario Stasi, j'étais conscient que je lui demandais une tâche difficile, sinon impossible et malheureusement impossible par ma propre position.

On me reproche et il me connaît, j'en suis conscient, je ne sais pas reculer ; dans la lettre du Ministre de la Justice du Burkina Faso qui demandait à l'Assemblée Générale de la Cour d'Appel de me sanctionner, le Ministre avait écrit de me sanctionner, mais pas trop fort car l'homme que je suis est un homme qui « a le goût du martyr » ; (ce fut « élogieux » pour moi ; un impénitent parent à plaisanterie a dit qu'il le retiendrait pour Epitaphe) ; on savait que je ne reculerais pas devant la volonté du Gouvernement Révolutionnaire de supprimer la Profession d'Avocat et que j'étais prêt d'aller jusqu'à ma radiation pour sauver ce corps.

On le sait ; ma décision était prise de lancer l'Association, Avocats **Sans Frontière** et de la laisser s'engager dans sa vie et ses œuvres, s'engager aussi dans l'aventure, l'incertitude et les risques, mais, d'être, d'exister, d'oser apporter sa contribution à une nouvelle tâche nécessaire, au service de l'homme, d'expérience salutaire par la Robe de l'Avocat.

Mais, comment faire dans la situation présente ?

Pour moi, toutes ces hautes personnalités (Eminents Avocats et Professeurs) et éminentes personnalités intéressées à l'Association nouvelle ou à une solution des naissances et des associations, personnalités suscitées, notamment Madame Catherine LALUMIERE, Bâtonnier

PETITIT (éminent Bâtonnier que j'ai connu avec lui), c'est certainement des connaissances, des amis à lui ; à mon sens, il peut tenter et réussir quelque chose ; j'ai dit, « réussir » mais, réussir quoi ? Parce que malheureusement, je peux en être l'écueil, l'obstacle ; et cela me gênait évidemment et énormément.

L'association **Avocats Sans Frontière** qu'on venait à peine de lancer, pour moi, était d'une mission exaltante ; je voulais, dans sa pureté et son intégrité, au besoin, risquer ; je voulais la voir vivre sa vie tracée, la voir s'exprimer au monde, faire vivre le monde en sa partition de compétences définies, avant toute remise en question de sa nature, de son être ; de sa définition.

Le Bâtonnier Mario Stasi s'y employa de toute son âme.

Il adressa une longue lettre fort argumentée en date du 14 Avril 1992 à Monsieur le Bâtonnier Claude BRUGUES Ordre des Avocats de Montpellier ; une lettre de la même verve et du même jour vu l'urgence que je lui demandais, à Monsieur le Président Alain OTTAN, Avocat à la Cour, 34 400 LUNEL du Barreau de Montpellier et bien d'autres dont je reçus copies.

(Je ne peux reproduire ces Lettres quelque peu trop personnalisées).

Je reproduirai seulement sa Lettre à moi du même jour 14 Avril 1992, faisant état de ses démarches ; il n'en dormait pas ; il m'envoyait copie de ses lettres et me faisait état de ses démarches.

Les parties se retrouvèrent même sur sa demande à Berlin au Congrès qui devait suivre de l'U.I.A. ; j'ai effectué le déplacement comme je l'ai sus précisé.

Les deux Associations étaient nées ; pour moi, il fallait les laisser s'exprimer sur le terrain ; avec une expérience pour chaque, de quelques années ; chacune pourrait après, réfléchir sur fondement de cette expérience, sur sa nature pour le futur et sa stratégie ; en ce temps, on verrait l'harmonisation des programmes, ou fusion éventuelle des Associations, ou répartitions des tâches sur les zones géographiques,...etc. ; mais, en l'état, je trouvais prématuré l'appréciation du problème.

Je ne sus plus la suite de cette affaire ; je ne reçus plus d'information du Siège de **Avocats Sans Frontière.**

C/ RAPPORTS ULTERIEURS AVEC LE SIEGE

Après le Congrès de l'U.I.A. tenu à Berlin, je ne reçus plus d'informations de la part du Siège de **Avocats Sans Frontière** sur la vie de l'Association ; au plus, je fus invité en 1997 au 5ème Anniversaire de la création de l'Association pour y prononcer un Discours ; je reproduis ce discours dans les Annexes du livre.

Pour suite de mes rapports en regard de **Avocats Sans Frontière**, à Arusha où j'étais en qualité d'Avocat Près le Tribunal Pénal International pour le Rwanda, je fus sollicité en Mai 1999 comme Avocat à m'impliquer dans la constitution pour défense de l'une des personnalités les plus recherchées du moment du drame Rwandais, d'Avril à Juillet 1994.

L'intéressé, on ne sait comment, s'était retrouvé à Dar-Es-Salam, Capitale économique de la Tanzanie, mais n'était pas connu dans le milieu ; les rumeurs disaient qu'il avait 600 sicaires à sa recherches ; il fut, et ce fut sa chance, arrêté par hasard par la Police Tanzanienne (hasard, parce qu'au moment de l'arrestation, la Police ne savait pas qui était cette personne qu'elle avait arrêtée dans un lieu de quelque bas quartier) ; quand on sut, toutes les grandes Radios et Télévisions intéressés au Continent Africain, s'intéressèrent au sort de cet homme dont on sait que la vie était menacée ; le pays, la Tanzanie, semblait manifestement embarrassé ; en effet, plusieurs pays demandèrent avec insistance, son extradition en leur faveur ; la mort de l'intéressé pouvait être programmée et la responsabilité de ce pays engagée devant l'histoire en cas de mauvaise extradition qui se terminerait par la mort de cet homme, par notamment procédés déguisés.

Encore que j'étais pris et absorbé par un dossier devant le Tribunal de Arusha, vu la complexité de l'affaire de cet homme, je me retrouvai devant ce dossier dangereux, névralgique, complexe pour lequel, il me fut demandé, et expressément moi, ce moment là, à l'exclusion de tout autre Avocat, me l'a-t-on spécifié, de m'en occuper ; le dossier, je m'en aperçus immédiatement, était véritablement délicat ; il ne suffisait même pas d'être Avocat, et exclusivement Avocat pour s'en occuper ; trop d'implications, du Judiciaire certes, mais aussi, du Politique, de la Diplomatie, de la Sécurité pour soi-même et pour lui, de la Discrétion, du Secret d'Etat...etc.

Je me constituai et effectuai plusieurs déplacements à Dar-Es-Salam ; ma Constitution apprise, ma vie fut, elle aussi, dangereusement menacée ; c'était simple, il suffisait de me suivre, à une heure ou à une autre dans la journée ou même toute la journée et on devrait pouvoir savoir la cachette et le lieu de détention de cet homme que manifestement des groupes cherchaient à enlever et certainement à éliminer ; pour mes visites, je devais souvent changer plusieurs fois de lieux ; entrer souvent quelque part, sortir de l'arrière, discrètement et prendre un autre véhicule en cachette et banalisé ; on ne pouvait pas réduire les distances en utilisant le téléphone ; je ne pouvais me fier surtout pas à ma ligne téléphonique pour appeler des interlocuteurs, ni aux téléphones qu'on me remettait ou me demandais d'utiliser ; sur la procédure et les procédures, j'eus beaucoup d'entretiens avec lui ; il fut ferme pour les auditions ; hors ma présence, il refusait de répondre aux questions de la Police, puis de la Justice ; il me fallait être présent et à ses côtés ; il avait peur ; il était paniqué et des semaines durant ; je suis bien placé pour reconnaître qu'il avait raison ; sa vie ne tenait qu'à un fil ; il me disait de venir tel jour à tel moment, puis immédiatement, il se ravisait en disant de ne pas venir, car on va me tuer, moi, sur la route ; il ne veut pas de ça ; surtout pas ça ; mais, je devais donc beaucoup me déplacer, sa vie en dépendait et me déplacer, au point de vue stratégique, pour qu'aucune décision dans la précipitation de procédure, ne se prenne ; je pense à une éventuelle décision d'extradition.

L'affaire arriva au Tribunal sur des demandes d'extraditions ; je suivis plusieurs audiences, en fait de Mises en Etat ; la procédure était complexe, et comme susdit, le pays était très gêné quant à prendre position sur l'avenir de cet homme ; l'extrader, mais ou ? Le maintenir dans le pays, et pourquoi faire ? Le Tribunal Pénal d'Arusha, ne pouvait pas s'occuper de cet homme pour qu'on le lui bascule à l'intérieur des frontières du pays ; comment faire sous des pressions internationales objectives et certes confidentielles ?

J'ai dit que le dossier était dangereux ; entre autres comportements pour compréhension, un matin, la Sécurité chargée de ma personne identifia une personne qui venait d'arriver dans le même Hôtel que moi, et prit location d'une Chambre qui fut juste celle face à la mienne ; la Sécurité, s'intéressa immédiatement au cas trouvé insolite ; ma vie était en danger ; elle ordonna qui fut exécuté, que je quitte la ville dans la journée ; je pris immédiatement l'Avion et quittai la ville.

Un tel dossier suppose forcément une prise en charge à tous niveaux dont celle de service de sécurité ; je ne pouvais à moi seul, supporter ne serait-ce que les frais de déplacement forcément par avion et de séjour forcément, là aussi, en grand Hôtel pour raison de sécurité, pour assister régulièrement cet homme.

Les coûts d'assistance d'un tel dossier sont forcement au dessus des moyens personnels d'un Avocat, surtout que le client n'avait pas de famille dans le pays, laquelle de toute façon était également dans l'indigence de ce que l'intéressé m'avait laissé entendre ; cette famille devait vivre dans un camp quelque part, de réfugiés ; elle n'avait pas de moyens ; de toute façon, il ne sait comment pouvoir entrer, ou me faire entrer en contact avec elle.

Je pensai à un Organisme humanitaire pour me prendre en charge pour que je puisse assister cet homme ; évidemment, je pensai à **AVOCATS SANS FRONTIERE**, surtout que j'apprenais avec bonheur qu'elle envoyait et supportait (à sa charge), des Avocats, déjà, à travers le monde et dans plusieurs Continents.

Je me rappelai de la Lettre du 30 Mars 1992 de **Avocats Sans Frontière**, que m'envoya en son temps, le Dauphin de l'ORDRE des Avocats du Barreau Français de Bruxelles, Secrétaire Général de **Avocats**

Sans Frontière au nom de l'Institution **Avocats Sans Frontière**, Pierre Legros ; la lettre en effet portait cette disposition :

> ***«ORDRE FRANÇAIS DES AVOCATS DU BARREAU DE BRUXELLES***
> ***Palais de Justice***
> ***1000 Bruxelles,***
>
> ***A***
>
> ***Monsieur F.PACERE***
> ***Bâtonnier de l'Ordre des Avocats à la Cour***
> **……………………………..**
> ***Ouagadougou***
> ***Burkina Faso***
> ***Afrique.***
>
> ***Monsieur le Bâtonnier,***
> **……………………………………………………………**
> **……..**
>
> ***Il va de soi que si vous étiez averti de l'existence d'un Procès qui justifierait l'envoi d'un Membre de notre Association, nous serions particulièrement attentifs à y réserver une suite utile.***
> **……………………………………………..**
>
> ***Je vous prie de croire, Monsieur le Bâtonnier, à l'expression de ma haute considération.***
>
> ***Pierre LEGROS***
> ***Dauphin de l'Ordre,***
> ***Secrétaire Général de l'A.S.F. »***

Je m'empressai d'adresser une Lettre à **Avocats Sans Frontière** en Belgique et lui solliciter de quoi assurer ma Constitution pour cet homme très recherché, indigent par la force des choses (il n'avait même pas de bagage à main, au moment de son arrestation par la Police tanzanienne) mais, dont la vie était sérieusement menacée.

Je pensai aussi à quelque chose ; toutes les presses du Continent et de l'Extérieur dont les grands Organes de l'Europe, se sont intéressées à l'arrestation de cet homme ; si elles annonçaient que cet homme recherché a été arrêté mais, que son Avocat a été constitué par **AVOCATS SANS FRONTIERE**, cela serait d'une publicité incommensurable et heureuse pour cette Association et sa crédibilité dans le monde humanitaire, des Droits de l'Homme et de son apport à la Justice Internationale.

Quelques jours plus tard, je reçus la réponse :

Avocats Sans Frontière n'a pas d'argent pour s'occuper de moi et de cet homme.

Je n'insistai pas.

Je relève néanmoins que, l'opération « **JUSTICE POUR TOUS AU RWANDA** » menée à grands frais par **Avocats Sans Frontière** au Rwanda est opérationnelle depuis 1996 ; des informations diffusées sur les activités de cette Organisation, il résulte que sur uniquement le premier trimestre de l'année 1999, (ma sollicitation à ASF est du 3ème trimestre de 1999) **Avocats Sans Frontière au Rwanda,**

> ***« A assuré la défense de 1346 personnes constituées Parties Civiles et de 1490 prévenus.***
>
> ....
>
> ***Ces missions auront nécessité, toujours sur le même laps de temps, l'envoi de 48 avocats expatriés, constitué à 70% d'africains et à 30% d'européens ; ce projet dispose de moyens financiers propres ».***

(**SOURCES :** Statistiques et données fournies par ASF, Rapport « **Justice pour tous au Rwanda** », premier trimestre 1999, et figurant dans le livre précité « **L'EXIGENCE HUMANITAIRE, le devoir d'ingérence**» de Me Pierre LEGROS et Marianne Libert, p. 174).

Je n'insistai pas.

Mes moyens ayant fini par s'épuiser, je dus quitter cet homme ; je le laissai, je le laissai à lui-même et à son destin ; il fondit de toutes ses larmes (moi, aussi), devant la Police qui l'encadrait, au jour de notre séparation ; ce fut l'un des jours les plus noirs de toute ma carrière professionnelle à ce jour.

Je saisis en partant dans l'impossible de continuer mon Ministère, les Autorités Tanzaniennes et la Justice du Pays, pour qu'il soit Commis d'Office un Avocat pour suivre cet homme totalement effondré.

Depuis, cela fait 10 ans ; je n'ai plus rien sollicité auprès de **Avocats Sans Frontière** ; je n'avais d'ailleurs jamais rien sollicité, depuis le 24 Janvier 1992, sous réserve de cette quête, implorée de toutes mes larmes et supplications de moi-même et de cet homme, pour constitution en faveur de cet homme ; c'était ma première quête, quête pathétique qui rencontra, une fin de non recevoir.

Depuis ainsi, la seule nouvelle qui me vint de Bruxelles sur l'Association, c'est cet ouvrage, « **L'EXIGENCE HUMANITAIRE, le devoir d'ingérence** » par lequel j'appends aussi, que ce n'est pas moi qui ai lancé le 24 Janvier 1992, **AVOCATS SANS FRONTIERE.**

Le présent Ouvrage se veut être un Testament, pour connaissance des Origines vraies, des « **AVOCATS SANS FRONTIERE** » à qui, leur **Père Fondateur**, des profondeurs de l'Afrique, leur adresse à tous, où qu'ils soient dans le monde, sa profonde Admiration, sa Bénédiction pleine et entière, ses Encouragements, ses Vœux de réussite et pleins succès, pour le Sacerdoce dans lequel ils ont décidé en Avocats, de s'engager, pour la Grandeur et la Noblesse de la Robe de la Défense, au service de l'Homme, de la Justice, de l'Humanitaire, de l'Humanité.

Ouagadougou, Burkina Faso, le 24 Janvier 2009

<u>Bâtonnier TITINGA FREDERIC PACERE</u>

Père Fondateur des « Avocats Sans Frontière »,
Avocat, Ancien Bâtonnier de l'Ordre,
Prince Héritier,
Ministre des Coutumes à la Cour de Manéga
Commandeur de l'Ordre National

ANNEXES ET LEGENDE

ANNEXE A

ELEMENTS PRECURSEURS

- 1°) Convention Internationale de Sauvegarde des Droits de la Défense ; (Paris Juin 1987).

- 2°) Charte Internationale de l'Accès à la Justice pour tous ; (U.I.A., Morelia, Mexico, 2 Août 1991).

- 3°) Discours Bâtonnier Mario Stasi séance Solennelle ouverture Congrès C.I.B. à Yaoundé, Cameroun.

CONVENTION INTERNATIONALE DE SAUVEGARDE DES DROITS DE LA DEFENSE

Ordres et organisations professionnelles d'avocats signataires de la présente Convention

American Bar Association
Président Thomas
Barreau d'Alger,
Bâtonnier Bellouia
Barreau de l'Ouest Algérien,
Bâtonnier Benabdessadok
Chambre Fédérale des Avocats Allemands
Président Klaus Schmalz
Barreau d'Amsterdam,
Bâtonnier Leonard de Haas
Barreau d'Anvers,
Bâtonnier Eriman
Barreau d'Argentine,
Président Pedro Bauls
Barreau d'Athènes
M. Felios Sotiris
Barreau d'Autriche,
Président Klaus Hoffman
Barreau de Barcelone,
Bâtonnier Josep Maria Antras Badia
Barreau de Belgique,
Bâtonnier Blomme
Barreau du Bénin,
Bâtonnier Joseph Keke
Barreau de Beyrouth,
Bâtonnier Issam Karam
Barreau de Bruges,
Bâtonnier Michalt
Ordre Français des Avocats
du Barreau de Bruxelles,
Bâtonnier Walters
Ordre Néerlandais des Avocats
du Barreau de Bruxelles,
Bâtonnier De Kock
Barreau de Budapest,
Président Ferenczy
Barreau du Cameroun,
Bâtonnier Mana
Barreau de Charleroi,
Bâtonnier André
Chambre des Avocats de Cologne,
Président Heilland
Barreau de Côte d'Ivoire,
Bâtonnier Dervain
Barreau d'Ecosse,
Président David Hope
Barreau de Gand,
Bâtonnier Geert Beert
Barreau de Genève,
Bâtonnier Marc Bonnant
Barreau de Guinée,
Bâtonnier Alpha Abdoulaye Diallo
Barreau de Haïti,
Bâtonnier Malebranche

Barreau de Hollande,
Président Wackie Eijsten
Barreau de Hongrie,
Président Karpati
Barreau de Hull,
Bâtonnier Bedard
Barreau d'Israël,
Président Jacob Rubin
Barreau de La Haye,
Bâtonnier Geel Kerken
Barreau de Liège,
Bâtonnier Kaair
Association des Avocats de Louisiane,
Président Jacob Landry
Barreau de Luxembourg,
Président Elvinger
Barreau du Mali,
Bâtonnier Demba Diallo
Association Nationale des Barreaux du Maroc,
Bâtonnier Benonkour
Barreau de Meknes,
M. Benessalah El Mehdi
Barreau du Mexique,
Président Javier Quijano Baz
Barreau de Montréal,
Bâtonnier Schaecter
Barreau du Niger,
Bâtonnier Kelessi
Barreau de Paris,
Bâtonnier Mario Stasi
Conseil National du Barreau de Pologne,
Président Lejewski
Barreau du Portugal,
Président Vasco Soares Da Veiga
Barreau du Québec,
Bâtonnier Michel Jolin
Barreau de Québec,
Bâtonnier Claude C. Boulanger
Canadian Division Quebec,
Président Daniel Bellemare
Barreau de Rotterdam,
Bâtonnier Meeter
Barreau du Sénégal,
M. Bokar Niane
Barreau de Tongeren,
Bâtonnier Franz Ver Berne
Barreau du Togo,
M. D. Koffigoh
Ordre National des Avocats de Tunisie,
Bâtonnier Mansour Cheffi
Barreau de Turin,
M. Gian Carlo Pomme
Barreau de Verviers,
Bâtonnier Edgar Olin

CONVENTION INTERNATIONALE DE SAUVEGARDE DES DROITS DE LA DEFENSE

Considérant que la recherche de la paix et la coopération entre les peuples, objectifs affirmés par tous les responsables du monde passent nécessairement par la sauvegarde de la justice et le respect absolu des droits de l'Homme et des libertés fondamentales.

Que les Avocats, sentinelles permanentes du respect de ces principes, réunis en Colloque International à PARIS, décident d'adopter une charte internationale tendant à voir respecter les principes suivants :

- Egalité devant la loi
- Présomption d'Innocence
- Droit de toute personne à un procès équitable et notamment au libre choix de son avocat.

Art. 1 Tout homme a droit à l'Avocat de son choix, quand bien même cet avocat serait-il étranger à l'Etat au nom duquel la justice est administrée.

Art. 2 Le prévenu au plus tard, dès son inculpation, doit être averti de tous ses droits, et notamment de ce qu'il peut désigner un avocat avec qui il est libre de communiquer.

Art. 3 Le prévenu ne peut-être privé des droits visés à l'article 2 avant son inculpation qu'en application des règles définies comme une loi de l'Etat et précisant les conditions, la durée maximale et les motifs de cette exception aux droits de la Défense.

Art. 4 Aucune circonstance ne saurait justifier que le prévenu ne puisse communiquer librement et secrètement avec son avocat, à tout moment de l'instruction et du procès.

Art. 5 Nul ne peut être jugé sans avoir eu, directement ou par l'intermédiaire de son avocat, librement accès à tous les éléments du dossier, et sans avoir disposé d'un délai suffisant pour préparer sa défense.
Aucune charge nouvelle ne peut lui être opposée sans qu'il ait eu le temps et les moyens de faire valoir ses arguments en défense.

Art. 6 L'accès à l'audience constituant une garantie essentielle des droits de la Défense doit être ouvert sans discrimination.

Art. 7 Au cours de l'audience tout prévenu a le droit de s'exprimer librement et complètement et de communiquer avec son ou ses avocats.
Il doit avoir la parole le dernier.

Art. 8 A tous les stades de la poursuite, s'il apparaît que le prévenu ou son avocat comprend mal la langue dans laquelle est administrée la Justice, l'Etat doit fournir un interprète compétent et indépendant.

Art. 9 Les avocats disposent au cours de l'audience d'une liberté totale d'expression.
Ils ne peuvent être ni inquiétés, ni poursuivis à raison des actes accomplis dans l'exercice de leur mission de défenseurs.
L'Etat leur doit protection.

Art. 10 En cours d'instruction ou lors des audiences, le prévenu ou ses avocats ont la faculté d'exiger que soient consignés et annexés au dossier tous documents, pièces, écritures, conclusions, dépositions qu'ils estimeront nécessaire d'y voir figurer.

Art. 11 Les Ordres et organisations professionnelles d'avocats signataires déclarent souscrire aux règles ci-dessus définies dont la méconnaissance est incompatible avec l'administration d'une justice libre et équitable.
Ils s'engagent à intégrer ou à œuvrer à l'intégration de la présente convention dans leur Règlement Intérieur et à lui donner force obligatoire.
A cette fin, ils feront toutes démarches auprès des autorités de leur Etat pour que soit conférée à cette convention valeur de norme juridique interne.

Fait et déposé à l'Ordre des Avocats à la Cour de Paris, le 26 Juin 1987

UNION INTERNATIONALE DES AVOCATS

INTERNATIONAL
ASSOCIATION OF LAWYERS INTERNATIONALE ANWALTS-UNION

الاتحاد الدولي للمحامين

UNION INTERNACIONAL DE ABOGADOS
UNIONE INTERNAZIONALE DEGLI AVVOCATI

CHARTE INTERNATIONALE DE L'ACCES A LA JUSTICE POUR TOUS

Considérant que le droit inconditionnel d'accès à la justice doit être incorporé dans les droits reconnus à l'homme, dont il est indissociable ;

Considérant que ce droit, sans lequel il n'y a pas de véritable dignité de l'homme, doit être garanti à tout individu, sans autre considération que sa qualité d'être humain ;

Considérant que ce droit entraîne pour chaque Etat l'obligation de faire connaître à tout individu ses droits et la manière de les faire mettre en œuvre, que celui-ci les tienne des Conventions Internationales comme de la Constitution et des lois nationales ;

Considérant que ce droit comporte le droit d'accès à toute juridiction ordinaire ou extraordinaire dans des conditions de totale liberté et égalité envers les justiciables ;

Considérant que rien ne peut compromettre le droit, tenu pour fondamental, d'un individu de consulter un avocat et d'être assisté et défendu par lui, qu'il soit demandeur ou défendeur, victime ou accusé ;

Considérant que le choix de l'avocat doit être libre, en toutes circonstances ;

Considérant qu'il est du devoir de chaque Etat d'assumer la charge économique de l'assistance de l'avocat à ceux qui n'ont pas les moyens d'assurer une défense ;

Considérant qu'il est de la dignité de l'avocat que ses interventions en leur faveur soient rémunérées, de manière convenable ;

Considérant qu'en tout état de cause, la profession d'avocat a l'obligation de participer activement à ce système d'aide légale, en y consacrant, sans réserve et dans une totale indépendance, sa compétence comme ses efforts, sans autre considération que l'intérêt supérieur du justiciable ;

ARTICLE 1

Tout individu a le droit d'accéder à la justice, quel que soit son état de fortune ou sa situation sociale, sans aucune distinction notamment d'âge, de sexe, de nationalité, d'origine ethnique, d'appartenance à un groupe, de conviction religieuse ou politique.

ARTICLE 2

L'accès à la justice comporte le droit d'être conseillé comme celui d'être assisté et défendu par un avocat, en toute indépendance, devant toute juridiction, ordinaire ou extraordinaire, devant toute instance ou institution appelée à résoudre quelque litige ou contestation que ce soit.

ARTICLE 3

Quel que soit son état de fortune, tout individu a le droit de bénéficier de l'assistance d'un avocat, qu'il choisit librement.

ARTICLE 4

Chaque Etat veillera à assumer la charge économique de l'assistance de l'avocat à ceux qui n'ont pas les moyens d'assurer leur propre défense.

ARTICLE 5

En tout état de cause, la profession d'avocat veillera, conformément au principe énoncé à l'Art. 1, à la défense de toute personne, serait-elle en état d'indigence.

ARTICLE 6

La mission de conseil et de défense de l'avocat s'exerce, en toutes circonstances, dans une totale indépendance.

ARTICLE 7

Les Ordres et les Organisations professionnelles d'avocats veilleront à ce que chaque Etat mette en œuvre un système d'éducation et d'information des justiciables quant à leurs droits et leur exercice.

ARTICLE 8

Les Ordres et les Organisations professionnelles d'avocats signataires de la présente Charte s'engagent à faire respecter les principes qu'elle énonce.

A cette fin, ils feront toutes les démarches auprès des autorités de leur Etat pour que soit conférée à la Charte valeur de norme juridique interne.

La Charte ci-dessus a été adoptée par l'Assemblée Générale de l'Union Internationale des Avocats à Morelia (Mexico), le 2 août 1991.

CONFERENCE INTEERNATIONALE DES BARREAUX DE TRADITION JURIDIQUE COMMUNE (C.I.B.)

CONGRES DE YAOUNDE (12-12-1991)

DISCOURS DU BATONNIER MARIO STASI (Extraits)

Monsieur le Ministre de la Justice-Garde des Sceaux,
Excellence Madame et Messieurs les Ambassadeurs,
Mesdames et Messieurs les hautes personnalités,
Messieurs les hauts Magistrats,
Madame le Président de l'Assemblée Générale des Avocats,
Messieurs les Bâtonniers,
Mesdames et Messieurs,
Mes Chers Confrères,

C'est un honneur particulier que je ressens d'avoir à prendre la parole au cours de cette séance inaugurale de la 7ème réunion de la Conférence des Barreaux de Tradition Juridique Commune - notre chère C.I.B. et la qualité des hautes personnalités présentes à cette cérémonie d'ouverture en donne la mesure.

....

....

Pour vous dire l'idée dernière de mon propos, et il sera encore question de courage, d'indépendance et de solidarité, il me faudrait la force, le lyrisme et toute la conviction du Bâtonnier Frédéric TITINGA PACERE.

A la Rentrée de la Conférence du Stage de DAKAR le mois dernier, il avait interpellé les plus jeunes d'entre nous, mais nous tous aussi. Qu'est-ce que l'Avocat ? Qu'est-ce que l'Avocat ? Répétait-il.

Et je le cite ***"jeunes Confrères, votre choix est terrible. Les simples encouragements d'un aîné ou de tous vos aînés seront insuffisants parce qu'il faudra en plus quelque chose de vous-mêmes devant l'imprévisible toujours aux aguets, l'imprévisible pour l'Avocat***

n'est pas une vue de l'esprit, il peut être et être au-delà de la chimère".

"En début de carrière", disait-il, ***"nous avons défini l'Avocat... 20 ans plus tard, nous hésitons à définir l'Avocat de peur de ne pouvoir tout embrasser".***

Il ajoutait, ***"la défense n'est même pas une simple randonnée d'esprit en butte souvent à des exactions et masochisme de l'histoire, les corps en effet ne sont pas épargnés et prenant l'exemple de l'année écoulée et à ce jour et pour l'Afrique"***, il énonçait l'un après l'autre tous ceux de nos Confrères arrêtés, incarcérés, mal traités, il me permettra de citer avec lui, c'est une façon de joindre nos cris aux siens, notre indignation à la sienne. Cette terrible litanie des malheurs de la défense.

- Maître Noureddin BHIRI de TUNIS a été arrêté, incarcéré et sans possibilité de communiquer avec un Avocats.

- les Avocats togolais le 5 octobre 1990 sont chargés à coups de matraques et de crosse de fusils.

- au KENYA, Maître John KHAMINA, Maître Gitobu IMANYARA, Maître Mohamed IBRAHIM sont arrêtés et emprisonnés en juillet 1990 parce que dits spécialisés dans la défense des détenus politiques ; libéré le 26 juillet 1990, Maître IRANYARA a été de nouveau arrêté en septembre 1990, libéré il fut réincarcéré le 1er mars 1991. Arrestation également de Maître Afirugi KARIUKI et Maître RUMBA KINUTHIA le 8 octobre 1990; Maître KARIUKI avait déjà été détenu de 1986 à 1989 sans motif.

- Maître Mountaga TALL, du MALI, qui voulait pour son pays la Démocratie, poursuivi, traqué, a pu franchir la frontière dans une voiture maquillée, et se réfugier dans mon Cabinet (c'est le Bâtonnier PACERE qui parle) sous une fausse identité à un moment où je venais à peine de sortir d'une suspension d'un an pour avoir, me l'a-t-on dit, insulté Monsieur le Ministre de la Justice de mon pays avec sa justice dans plusieurs de mes écrits (ce que d'ailleurs je n'ai jamais regretté) -

- Ici même, quel sort a été réservé à Maître Pierre BOUABDA ? Pensons à lui.

- Les cas de violation des droits en Afrique du Sud sont autrement fréquents. Signalons entre autres, l'arrestation de Maître Y. B. SIBANYONI et Maître Duminasi TABATA ; quant à Maître BHEKI MLANGENI, Avocat constitué dans les dossiers de l'escadron de la mort, il recevait le 16 février 1991 par la Poste un walkman lequel explosait dans ses mains et le tuait sur le coup.

- C'est dans tous ces personnages que le Bâtonnier PACERE a trouvé la définition de l'Avocat.

Il concluait :

"Mes Chers Confrères, l'Avocat c'est tout cela, c'est là qu'il trouve son bonheur, en fait incommensurable, parce que c'est un homme libre ; c'est un homme heureux, heureux par le bonheur des autres qu'il construit ou aide à construire."

C'est tout cela que nous avons voulu et voulons vivre par la CONVENTION INTERNATIONALE DE SAUVEGARDE DES DROITS DE LA DEFENSE.

Que s'y joignent tous les Barreaux qui ne l'ont pas encore signée comme vous l'avez fait Monsieur le Bâtonnier de MADAGASCAR au nom de votre Barreau, il y a trois jours à peine, et pour donner vie, plus de vie encore à cette Convention, ne croyez-vous pas qu'il faille faire davantage ?

En lançant cette Convention, nous voulions des Avocats sans frontière.

Le Bâtonnier PACERE suggère, et je me fais son interprète, que cette idée se concrétise.

Un Avocat appelle un Avocat pour l'aider à une tâche impossible et néanmoins nécessaire, défendre un homme poursuivi pour ses opinions, sa religion ou sa race, et il faut le défendre, pour ses crimes aussi peut-être, et celui-là comme tout autre doit être défendu.

Un Avocat appelle un Avocat pour que par sa présence, il l'aide à mieux défendre en toute liberté d'Avocat.

C'est une protection, c'est une garantie d'indépendance, c'est une aide au courage.

Fermons les yeux, taisons-nous, laissons ce cri s'éteindre et s'étendra en un point nouveau de notre terre une nouvelle déchirure irrémédiable peut-être dans la marche des hommes vers la dignité, mais si nous répondons à cet appel commence alors l'exaltante expérience de la solidarité des Avocats parlant la même langue à force d'entendre les mêmes souffrances.

....

....

Bâtonnier Mario STASI
YAOUNDE 12 décembre 1991

ANNEXE B

ANTECEDENTS PERSONNELS ET LA LETTRE DU 29 SEPTEMBRE 1991 POUR CREATION DE L'ASSOCIATION AVOCATS SANS FRONTIERE

- 1°) Me Pacéré, traduit en Conseil de Discipline ; Suspension de la Profession d'Avocat ; Procès Verbal de Délibération N°) 9 de l'Assemblée Générale de la Cour d'Appel de Ouagadougou en date du 28 Mars 1988, siégeant et statuant en Conseil de Discipline ; cette Assemblée Générale de la Cour, a prononcé la suspension de Me PACERE pour une durée d'un an, pendant laquelle il ne peut exercer son Ministère d'Avocat.

Il y a lieu de souligner que cette Procédure qui a conduit à la suspension de l'Avocat n'a été que du dénouement d'une goutte d'eau qui a fait déborder un vase ; les rapports de l'Avocat avec les tenants du Régime Révolutionnaire arrivé dans le Pays, se sont avérés difficilement conciliables en matière de Justice et des Droits de l'Homme dès les premiers moments de l'année 1984 (début de la Révolution), avec les écrits dans la Presse de l'Avocat dans une Rubrique intitulée par celui-ci, « Au nom du Droit, Plaidoyer contre les Juridictions d'Exception » ; ces écrits s'en sont pris à la Création de la Cour Spéciale, suivie des Tribunaux Populaires de la Révolution ; ces Juridictions , de manière ouverte selon l'Avocat et contre toute Justice équitable et en matière pénale dans leurs réglementations, renversaient la charge de la preuve, édictaient des normes nouvelles répressives avec effets rétroactifs ; la poursuite des publications fut interdite à la Presse par le Pouvoir Politique ; le Journal, (toutes ses infrastructures) plus tard, sera incendié ; après la suppression des Ministères d'Huissiers, de Notaires, de Commissaires Priseurs, la Profession d'Avocat était en sursis ; après les démarches infructueuses de l'Avocat, pour préservation de la Profession d'Avocat , la Loi ici référée de ZATU AN IV 20 du 31 Décembre 1986 (Loi, Ordonnance), qui crée un Corps d'Avocats Fonctionnaires (SONGDA), avec atteinte au libre choix du Conseil ,en regard de l'Avocat, traduisait pour les Avocats, dans un Pays faisant partie des 3 plus pauvres de la Planète, la mort programmée de l'Avocat classique, libre et indépendant ; l'affrontement était inévitable ; c'était la seule voie quitte à l'Avocat en courir la Radiation, qui pouvait sauver le Corps, surtout que le temps pouvait jouer en faveur des Avocats.

- 2°) Arrêt N°) 3 en date du 10 Août 1988 de la Chambre Judiciaire de la Haute Cour Judiciaire du Burkina Faso, siégeant en matière Disciplinaire sur Appel de Me Pacéré et le Procureur Général contre la Délibération N° 09 du 23 Mars 1988 de l'Assemblée Générale de la Cour d'Appel de Ouagadougou (Extrait de Greffe du 11 Août 1988) ; l'Arrêt, maintient la faute disciplinaire dite de violation de son Serment par l'Avocat ; la Cour, prononce la Suspension de Me Pacéré pour 3 mois pour compter dudit jour, 10 Août 1988.

- 3°) Koeega N°AN V-00880/FP/MIJ/CAB du Ministre de la Justice (Décret) en date du 22 Décembre 1987 adressé A TOUS LES CHEFS DE COUR ET DE JURIDICTIONS, interdisant le libre choix du Conseil dans toutes les affaires concernant des personnes morales bénéficiant d'une participation financière quelconque de l'Etat ; Injonction du Ministre de la Justice aux Juges du Siège, Chefs de Cour et de Juridiction ; l'Avocat combattra cette dictée de comportement des Juges du Siège, par le Ministère de la Justice, s'agissant de procédures judiciaires à être connues par ces Juges ; ce Décret ministériel sera un acte de grave portée et conséquence contre la Profession d'Avocat, et qui opposera de manière ouverte et sans compromis, le Bâtonnier Pacéré, Doyen des Avocats, au Ministre de la Justice (on le dira, sous cette époque de la Révolution, à toute l'Autorité de l'Etat, au Gouvernement), aux Procureurs de la République, aux Juges du Siège et qui conduira l'Avocat, à sa suspension.

- 4°) Article de Presse « LE POLITICIEN » de DAKAR « Quel avenir pour le Droit » sur la Suspension de Maître PACERE au Burkina Faso.

- 5°) Lettre en date du 29 Septembre 1991, de Me Pacéré pour la création de 3 Associations Internationales à intéresser la Défense, dont l'Association Avocat Sans Frontière ; lettre envoyée à 250 Avocats à travers le monde au sortir de la Conférence de Mexico de l'U.I.A. (Août 1991) ; ici à titre indicatif, lettre envoyée à Maître STEVEN A. de New York.

BURKINA FASO
La Patrie ou la Mort, Nous Vaincrons !

PROCES VERBAL DE DELIBERATION N° 9

L'an mil neuf cent quatre vingt huit

Et le vingt-trois mars

La Cour d'Appel de Ouagadougou, s'est réunie en Assemblée Générale, constituant conseil de discipline, sous la présidence du camarade [redacted], Premier Président de la Cour d'Appel.

__Etaient présents :__

- [redacted] Premier Président
- [redacted], Vice Présidente, Présidente de la Chambre d'Accusation de la Cour d'Appel
- [redacted], Présidente de Chambre
- [redacted], Conseiller
- [redacted], Conseiller
- [redacted], Conseiller
- [redacted], Procureur Général
- [redacted], Substitut Général
- [redacted], Greffier en Chef tenant la plume.

Maître PACERE Titenga, avocat à la Cour, BP 1152 Ouagadougou convoqué par lettre recommandée datée du 7 Mars 1988, était invité pour comparaitre devant ce conseil de discipline, aux fins de s'expliquer sur le contenu de ses écrits des 25 et 28 Janvier 1988 adressés aux sociétés de la place constituées en son cabinet, et à ses confrères.

Maître PACERE Titenga Frédéric et les avocats dont les noms suivent étaient présents.

- OUATTARA Karim
- SAWADOGO Benoît
- OUEDRAOGO N. Antoinette
- SOME Anicet Pascal
- SAWADOGO Harouna
- MEDAH N. Frédéric
- OUEDRAOGO René
- SANOU Sogotéré Serge
- DABIRE E. Norbert

__Stagiaires__

- TOE Franceline
- OUEDRAOGO Moussa
- KAFANDO Claire
- MONE Idrissa.

Le Président a déclaré la séance ouverte et a invité Maître PACERE Titenga Frédéric à désigner conformement à l'article 58 de l'ordonnance n° 77-25/PRES/J du 23 Juillet 1977, lequel de ses confrères l'assistera.

.../...

Maître PACERE répondit qu'il désignait tous ses confrères pour défendre sa cause. Cette position fut confortée par les interventions d'autres avocats, qui ont soutenu qu'étant les initiateurs et les rédacteurs de l'ordonnance n° 77-25/PRES/J du 23 Juillet 1977, ils étaient mieux placés pour interpreter les dispositions de l'article 58.

Que ce texte en stipulant que l'avocat traduit en conseil de discipline "peut se faire assister d'un avocat" devrait être interpreté d'une façon large, permettant ainsi à Maître PACERE de se faire assister par autant d'avocats qu'il le désirerait.

L'Assemblée Générale a été suspendue pour permettre à la Cour de délibérer sur l'interpretation faite de l'article 58 par les avocats.

A la reprise, la Cour a notifié à Maître PACERE qu'en l'espèce, l'article 58, devait s'interpreter de façon restrictive. Motifs tirés de ce qu'il est de principe, que ce que la loi n'a pas spécialement prévu n'est pas obligatoire,

Que l'article 58 en ordonnant à la Cour de recevoir la constitution d'un avocat au coté de son confrère traduit en conseil de discipline, garantit bien les droits de la défense et de l'homme.

Que si autrement le texte avait voulu obligatoire que l'avocat soit assisté par plusieurs de ses confrères il l'aurait spécifié.

Qu'en l'absence d'une telle précision, l'interprétation large du texte est une faculté laissée à la cour dont le refus ne peut être sérieusement interpreté comme une violation des droits de la défense et de l'homme, surtout qu'en l'espèce Maître PACERE entendait se faire assister par tous ses confrères aux risques de compromettre la sérénité des débats.

Maître OUATTARA Karim, prenant la parole au nom de ses confrères s'est d'abord assuré que l'Assemblée Générale de la Cour s'est constituée effectivement en conseil de discipline, et Maître PACERE convoqué pour y comparaître.

Il a ensuite revelé qu'à la suite de contacts par eux pris auprès de la Présidence du Faso, l'assurance leur avait été donnée qu'il ne sera pas question de conseil de discipline pour Maître PACERE.

L'Assemblée Générale a pris acte des déclarations et revelations du porte parole des avocats.

Sur ces faits, le porte parole des avocats invitait Maître PACERE et ses autres confrères a quitter la salle.

Après le retrait surprenant de Maître PACERE, et des avocats, l'Assemblée Générale a regretté et déploré que Maître PACERE qui prétend toujours agir au nom et pour la justice de son pays, ait préféré se retirer refusant ainsi les débats.

Elle a ensuite précisé le rôle du juge qui consiste à dire le droit, à respecter la légalité, à la contrôler. Puis elle a poursuivie sa mission.

L'Assemblée Générale s'est donc poursuivie par la lecture de différents documents.

De ces documents il est apparu que :

.../...

Le 8 Décembre 1987, un incident survenait entre Maître PACERE et le Procureur du Faso du tribunal de première instance de Bobo-Dioulasso.

Ce magistrat aurait requis à l'audience l'application de la Zatu AN IV-020/CNR/MIJ du 31 Décembre 1986 en ses articles 4 et 5.

Article 4 : "il est fait obligation à toute personne morale bénéficiant d'une participation financière quelconque de l'Etat, de faire recours s'il y a lieu aux services des cabinets populaires d'assistance judiciaire".

Article 5 : " Les personnes exerçant déjà la profession d'avocat continueront leur ministère sauf au profit des personnes morales bénéficiant d'une participation financière quelconque de l'Etat".

Maître PACERE Titenga Frédéric qui devait plaider pour une des sociétés concernées, n'était plus habilité à s'occuper du dossier.

Il a estimé, que l'attitude adoptée par le Procureur du Faso, pour le lui signifier était choquante parce qu'elle recelerait "une telle avalanche de déconsidération, qu'un acquiescement serait contraire au minimum de dignité necessaire à l'avocat".

En réaction, il introduisait un recours en annulation contre la Zatu, et écritait des lettres à ses confrères et aux sociétés constituées en son étude.

Dans sa lettre circulaire à tous les avocats, datée du 28 Janvier 1988, Maître PACERE Titenga écrivait :

"Actuellement beaucoup de sociétés dont je suis le conseil habituel se refusent à saisir les SONGDA ; elles ont certainement leurs raisons, ne serait-ce que l'illégalité de l'obligation qui leur est faite".

Pour Maître PACERE, les obligations contenues dans la Zatu constituent de l'arbitraire imposé aux sociétés, et il est juste que celles ci s'y opposent ; il approuve, encourage cette rebellion.

Il s'est déclaré ensuite peiné par la Zatu et le koeega du 22 Décembre 1987 par lequel le camarade Ministre de la Justice rappelait aux chefs de cour et juridiction, qu'aux termes de la circulaire n° 87 0694/CNR/PRES/MFDP/MIJ du 31 Mars 1987, ils doivent faire observer l'application de la Zatu n° AN IV 020 du 31 Décembre 1986.

Parce que c'est suite à ces directives que le Procureur du Faso du tribunal de première instance de Bobo-Dioulasso, avait requis, et que les juges du siège appliquaient la Zatu en faisant leur devoir, qui ne constitue pas a vérifier la légalité d'une loi, mais à l'appliquer lorsqu'elle est en vigueur.

Pour qualifier les magistrats qui ont fait leur devoir Maître PACERE a poursuivi en ses termes :

"Comment le Ministre de la Justice peut-il sans supprimer toute justice dans ce pays, donner des injonctions aux juges du siège, c'est-à-dire en définitive aux tribunaux, comment de l'autre coté, des juges du siège, des Présidents de juridictions, supposés connaître la loi et l'appliquer, ont ils pû acquiescer cette mesure en nous le disant""nous avons reçu des ordres de notre ministère" et nous interdire le pretoire. Cela ne vide - t - il pas la justice de toute son escence ?

.../...

Si la chancellerie peut donner et donne des injonctions au siège, à quoi servent les procureurs ; sont-ils necessaires et compétents pourquoi dès lors on ne passe pas par eux pour qu'ils exercent leur Ministère ? Sont-ils incompétents et carents ? pourquoi dès lors on les maintient, pourquoi, on ne supprime pas le parquet dans notre justice ?

Si le siège quant à lui, qui nous renvoie parce qu'on lui a donné des ordres, s'il les acquiesce ainsi, pour nous expulser quel est dès lors son rôle, si non qu'elle entend se ravaler à une boite d'enregistrement, en une marionnette de maison hantée : dans ce cadre, où est le juge et qui est le juge ?

Cela n'équivaut-il pas à terme, à la suppression de la justice, celle du Palais de Justice et de tous les juges qui, en définitive s'apparenteraient à des pantins ? C'est une crise de conscience qui s'ignore, dans laquelle le juge ignore sa propre définition, dans la recherche de la justice".

Pour Maître PACERE, le Ministre de la Justice en demandant l'application de la Zatu vide la justice de son escence, et les juges du siège en l'appliquant constituent des boites d'enregistrement, des marionnettes de maison hantée, des pantins. Il exprime là tout son mépris pour les tribunaux et les magistrats, dans ces termes injurieux irrespectueux, illustrant l'indelicatesse de son attitude.

S'interrogeant sur le fondement et la logique de la Zatu précitée, Maître PACERE pronostiquait "c'est la justice qui finira par disparaitre avec la complicité du juge ; sa raison d'être exige qu'il sollicite s'il ne veut pas exiger, un minimum de liberté, c'est-à-dire d'indépendance, pour s'exprimer ; le cas échéant, il ne juge pas il n'arbitre pas ; il est tout, sauf un juge, un glaive qu'on télécommande".

Maître PACERE, enfin, invite chacun de ses collegues a agir comme il a fait, "a l'échelle de chaque société" car précise-t-il.

"Il serait regretable que nous contunions d'acquiescer les mesures qui tombent contre nous, même contre toute loi ; l'histoire de notre profession pardonnera aux autres peut-être, leurs exactions, mais pas notre apathie, notre silence".

Maître PACERE invite tous ses confrères dans une action concertée, à se revolter contre la Zatu qualifiée d'exactions de mesures contre toute loi.

Dans la lettre du 25 Janvier 1988, adressée aux sociétés constituées en son étude, Maître PACERE leur développait :

"Au point de vue légal, il reste que c'est la norme supérieure (la convention internationale d'ailleurs ratifiée sous la Resolution) qui est légale et valable d'autant plus qu'elle est antérieure à la Zatu et que celle-ci dès lors ne pouvait pas la contredire".

Il invite les destinataires de la lettre en ses termes : "pourriez-vous saisir au besoin le camarade votre Ministre de tutelle, attirer son attention sur la convention internationale... et qui s'impose comme norme supérieure legale, afin qu'il nous accorde la liberté de choix de votre conseil...

Votre diligence m'obligerait, plusieurs sociétés étant (et je leur adresse une fois de plus mes remerciements pour cette confiance) sérieusement inquiétées pour la garantie et la qualité ultérieure de leurs droits et défense".

.../...

Maître PACERE ici, incite les Directeurs de société à considérer la Zatu comme illégale, contraire à la loi, et qui compromet les droits et défense, que par ailleurs lui il garantissait dans son cabinet.

Il les invite donc a agir contre cette loi, auprès de leur Ministre de tutelle.

Au regard de tous ces éléments l'Assemblée Générale de la Cour a retenu que les écrits de Maître PACERE sont injurieux et irrespectueux à l'égard des juges et des tribunaux, sont irrespectueux à l'égard du Ministère de la Justice.

Qu'ils invitent et incitent les avocats, les directeurs de société à la rebellion contre les lois Burkinabè. Donc contre l'autorité publique.

Qu'en agissant de la sorte, Maître PACERE a gravement manqué à la probité et à la délicatesse tel que prévu par l'article 52 de l'ordonnance n° 77-25/PRES/J du 23 Juillet 1977.

Que ces écrits constituent enfin, une violation par Maître PACERE de son serment, prévu à l'article I6 de l'ordonnance précitée, par lequel il a juré "d'exercer la défense, et le conseil avec dignité, conscience, independance, de ne rien dire ou publier de contraire aux lois et règlements, aux bonnes moeurs, à la sécurité de l'Etat, et à la paix publique, ainsi que de ne jamais s'écarter du respect dû aux tribunaux et aux autorités publiques".

Que ces écrits hautement blamâbles, justifient l'application des articles 52, 53, 55 à 59 de l'ordonnance n° 77-25/PRES/J du 23 Juillet I977.

L'ASSEBMBLEE GENERALE

- Vu la lettre n° AN V 01372 du I8 Février I988 du Ministre de la Justice ;

Vu les articles I6, 52, 53, 55 à 59 de l'ordonnance n° 77-25/PRES/J du 23 Juillet I977 ;

Vu la qualité de Doyen des avocats du Burkina de Maître PACERE ;

Après avoir délibéré; prononce

La suspension de Maître PACERE Titenga Frédéric pour une durée d'un an pendant laquelle il ne pourra exercer son ministère.

Dit quo la décision est réputée contradictoire.

Que sa notification sera faite à Maître PACERE.

Qu'il a la possibilité d'introduire un recours conformement aux dispositions de l'article 63 de l'ordonnance n° 77-25/PRES/J du 23 Juillet I977.

De tout quoi le présent procès-verbal a été redigé et signé par les membres de l'Assemblée Générale et le Greffier en Chef.

Suivent les signatures
Pour expédition certifiée conforme
Ouagadougou, le 28 Mars I988
Le Greffier en Chef

S/Ka

BURKINA FASO

LA PATRIE OU LA MORT,
NOUS VAINCRONS !

HAUTE COUR JUDICIAIRE

EXTRAIT DES MINUTES DU GREFFE DE LA HAUTE COUR
JUDICIAIRE OUAGADOUGOU (BURKINA FASO)

ARRET N° 3

D'un arrêt rendu le 10 Août 1988 par la Chambre Judiciaire de la Haute Cour Judiciaire siégeant en matière disciplinaire, à la suite de l'appel formé par Maître PACERE Titenga Frédéric et le Procureur Général contre la Délibération n°09 du 23 Mars 1988 de l'Assemblée Générale de la Cour d'Appel de OUAGADOUGOU.

Il a été extrait ce qui suit :

LA COUR

Prononce la suspension de Maître PACERE Titenga Frédéric de son Ministère d'Avocat pour une durée de trois (3) mois à compter du 10 Août 1988.

Pour extrait certifié conforme délivré au Ministère Public par nous, Greffier en Chef soussigné.

Fait à OUAGADOUGOU, LE 11 AOUT 1988
LE GREFFIER EN CHEF,

[redacted]

BURKINA FASO
MINISTERE DE LA JUSTICE
CABINET DU MINISTRE

Ouagadougou, le 22 Décembre 1987

N°AN V- 00880 /FP/MIJ/CAB.

O E E G A

TOUS CHEFS DE COUR ET DE JURIDICTION

-=-=-=-=-=-=-=-

Conformément aux dispositions des articles 4 et 5 de la Zatu n°AN IV 020 du 31 Décembre 1986 portant création et organisation des Cabinets Populaires d'Assistance Judiciaire, et aux termes de la circulaire n°870694/CNR/PRES/MEDP-MIJ du 31 Mars 1987, adressée à tous Ministres, je vous invite à prendre toutes dispositions utiles, afin que les Avocats ne plaident plus dans les procédures, pour le compte des personnes morales bénéficiant d'une participation financière quelconque de l'Etat.

LA PATRIE OU LA MORT, NOUS VAINCRONS!

Le Ministre de la Justice,

[redacted]./.-

BURKINA : QUEL AVENIR POUR LE DROIT

Au Burkina Faso, l'Avocat-écrivain Maître TITINGA Fréderic PACERE a été suspendu pour un an, suite à des écrits qu'il a recemment faits sur la justice dans son pays. Lors de son procès, il lui fut interdit de prendre plus d'un avocat à la difference de tous les procès antérieurs au Burkina Faso dont l'un des plus spectaculaires aura été le procès sur les détournements des Fonds de la Communauté Economique des Etats de l'Afrique de l'Ouest (CEAO).

IL n'eut pas la chance de son confrère Maître Abdoulaye Wade du Sénégal qui s'entoura de 40 Avocats; en réaction à cela tous les avocats du Burkina Faso ont décidé de ne plus plaider devant la Cour d'appel de Ouagadougou.

Il faut souligner que Maître PACERE est le plus fécond des écrivains du Burkina Faso, avec plus d'une vingtaine d'ouvrages portant sur le droit l'économie, la sociologie et surtout la poésie pour laquelle il lui a été décerné le Grand prix Litteraire de l'Afrique Noire en 1982.

Doyen du corps des Avocats (ce qui correspond au titre de BATONNIER de l'ordre) Président de l'Union des Gens de Lettres du Burkina Faso, Président de la Fédération des Associations des Ecrivains de l'Afrique de l'Ouest (FADEAO), Rapporteur Général du Comité de l'Union Panafricaine des Ecrivains approuvée par la dernière onférence des chefs d'Etats de l'OUA et la récente Conférence des Ministres de la culture du continent, qui s'est d'ailleurs tenue en mars dernier à Ouagadougou. Maître Titinga Frédéric PACERE est considéré comme l'un des plus grands défenseurs et Ambassadeur de la culture du Burkina et de l'Afrique.

Evidemment, depuis que l'intrus, le cadet du Politicien a cessé de paraître il se passe des choses bizarres chez les hommes intègres. Mais quel Avenir les nouveaux maîtres du Faso réservent-ils à la justice ?

LE POLITICIEN

Maître Titinga Frédéric PACERE
AVOCAT A LA COUR

BATONNIER DE L'ORDRE

01 B. P. 1152 OUAGADOUGOU 01
Tél. (226) 30-76-15 FAX (226) 31-19-98
BURKINA FASO

OUAGADOUGOU, le 29 Septembre 1991

Maître STEVEN A. HAMMOND
HUGHES HUBBARD & REED
One Battery Park Plaza
New York, N.Y. 10004

Mon Cher Confrère et Ami,

J'arrive dans mon pays et me permets de vous rappeler mon confraternel et amical souvenir suite à notre rencontre à MEXICO à l'occasion du XXXV Congrès de l'Union Internationale des Avocats.

Nous y avons abattu un fructueux et imposant travail à la gloire du Comité Exécutif, de son Président, du Comité d'Organisation et de tous les délégués.

En marge des travaux, lors notamment des suspensions, j'ai été approché et ce fut un honneur pour moi, par des Confrères de tous les Continents, pour ajouter si on pouvait encore le faire vu ce qui est déjà réalisé par l'Union, tout de grand, d'autres notes peut-être particulières aux actions de nos Organes.

De ces rencontres particulières et informelles, il résulte que des bonnes volontés pourraient avoir des actions peut être infimes, mais peut être aussi grandes, nobles et salutaires dans la grandeur de notre principe de vie officielle et privée, fondé sur la DEFENSE. Aussi me suis-je permis de les résumer ainsi qu'il suit et les soumettre à votre appréciation pour réalisations communes d'objectifs en tant que de possible.

1°- Pour une Association "d'Avocats sans Frontière".

D'éminents Confrères m'ont approché compte tenu de la turbulence de nos Etats et de l'existence souvent de possibilité de victimes de l'injustice, pour faire prévaloir leurs droits. Dans ce domaine et pour être plus précis, certains Confrères d'Occident m'ont dit qu'ils étaient à la tête de Cabinets de vingt ou même cinquante Avocats ; qu'il peut arriver pour une période très longue que leur présence physique au Cabinet soit quelque peu nulle en raison de la présence des collaborateurs, qui souvent fort nombreux. A l'instar de ce qui existe déjà en matière de Défense de la Santé par notamment l'action de"l'ASSOCIATION DES MEDECINS SANS FRONTIERE", ne serait-il pas possible d'avoir un type "d'ASSOCIATION DES AVOCATS SANS FRONTIERE" ou une autre dénomination. Pour l'esprit, certains Confrères m'ont dit qu'en raison de ce temp libre qu'ils peuvent dégager, exploiter et résultant de ces circonstances sus-énoncées, ils seraient prêts à aller dans n'importe quel point du globe et à leurs frais pour tout cas de l'extrême indigence (à déterminer par le groupe pour garder à notre Corps ses principes), et assurer la Défense de ces genres de victimes du dénuement de Droit et matériel. Il est même des cas où une telle action serait des plus heureuse. A titre d'exemple, au Bénin, une quinzaine de personnes avaient été traduites devant une Cour Spéciale dans un contexte politique exacerbé et dangereuse pour les Avocats eux-mêmes au delà de leur courage affirmé.

Par contre, la présence à l'audience d'un Avocat de l'extérieur rendrait international le problème fait refléchir plus d'un régime politique,qui couvre en même temps la seule responsabilité des Avocats locaux.

C'est ainsi que j'ai été préssenti par les Confrères du Bénin, et j'ai été assurerà mes frais et à leurs côtés, la Défense de ces hommes, victimes du politique et de procédures plus que discutables; neuf (9) des quinze (15) furent immédiatement libérés.

Pourriez-vous voir notamment avec d'autres Confrères amis,s'il vous est possible d'apprécier l'opportunité d'une telle organisation dans le monde qui, je le crois, grandirait notre Corps et son esprit. Dans cett éventualité, pourriez-vous en même temps faire des suggestions pour la création, l'organisation d'une telle Institution.

2°- Banque d'ouvrages et d'équipements :

Dans ce domaine,plusieurs Confrères de grands Cabinets ont porté à ma connaissance que tous les deux ou cinq ans, ils renouvellent intégralement leurs équipements en Secrétariat, vues les évolutions rapides en matière de Droit et de Technologie,liées à leurs réalités et développements économiques. Les frais même pour la suppression, la liquidation de ces biens sont souvent fort élevés.

.../...

Par contre, dans les pays au sous développement tel que le mien, la Loi est souvent introuvable, les ouvrages pour formation ainsi que les Equipements également introuvabes ou vétustes.

Ne serait-il pas possible de créer sur le terrain, il faut le dire, du sous développement, une sorte d'Institution à qui pourrait être envoyée toux vieux livres de Droit ou matériauxde Secrétariat pouvant encore servir (machines à écrire, à calculer, minis ordinateurs......etc).

Une organisation pourrait être réalisée à ce niveau avec confection périodique de repertoire à diffuser dans des zones nécéssiteuses pour acquisition en tant que de besoin ne serait-ce qu'en s'acquittant des frais de port et participation à la gestion.

Pourriez-vous également, examiner la présente initiative et suggérer des modalités de sa création.

Certains Confrères bienveillants m'avaient fait état ici en raison de stocks possibles,d'une urgence de décision. En tant que de besoin et en attendant une volonté collective de réalisation, si une telle possibilité existait auprès de vous et d'amis, je serais prêt à recevoir tous éléments qui pourraient être envoyés,même dans l'immédiat et vous remercie de toutes bienveillances en la matière.

3°- Organismes d'Aides de la Défense.

Des discussions informelles que nous avons eu avec plusieurs Confrères, certains ont eu l'idée qu'il ne serait pas contraire à la DEFENSE (bien au contraire)si des Confrères pouvaient se retrouver en Association pour une contribution spontanée à l'endroit de populations complètement démunies.

Leur apport, si cela pouvait exister, consisterait à financer par exemple un forage pour alimentation en eau potable, la construction d'un dispensaire, d'une protection maternelle et enfantile ....etc, contiuant de participer ainsi à côté de leur action quotidienne,à la Défense de l'homme, celui en particulier du total dénuement.

Pourriez-vous également réfléchir sur ce domaine, voire son apportunité, comment créer une telle autre Institution et comment la gérer.

../..

Bien Chers Confrères, ces suggestions, échanges d'idées en marge de nos travaux émminents méritaient me semble-t-il, qu'il en fut fait état d'autant plus que ce fut le souhait de plusieurs, quitte à ce que après analyse, elles ne puissent être continuées ou au contraire entreprises et réalisées.

Vous serait-il possible, une appréciation en la matière et avis de votre part.

Je vous remercie une fois de plus de toute la cordialité que nous avons partagé ensemble qui nous grandit tous par la Défense et pour la Défense et vous prie de croire en mes sentiments les plus confraternels et amicaux.

Bien Amicalement

Me T.F. PACERE./-

ANNEXE C

ECHANGES ET DEMARCHES AVEC LE BATONNIER MARIO STASI DE PARIS

- 1°) Lettre du Bâtonnier PACERE au Bâtonnier Mario STASI de Paris en date du 29 Septembre 1991, relative à l'après Congrès de Mexico de l'U.I.A. et pour création de l'Association AVOCATS SANS FRONTIERE.

- 2°) Lettre du Bâtonnier Mario Stasi de Paris en date du 25 Novembre 1991 NR.MS/mcb, au Bâtonnier Pacéré, sur la Conception de Avocats Sans Frontière et la perspective de sa création.

- 3°) Lettre du Bâtonnier PACERE au Bâtonnier Mario STASI en date du 23 Décembre 1991 envoyée le même jour par FAX, portant saisine des approches éventuelles pour création de l'association Avocats Sans Frontière ; elle informe aussi de réception de correspondance du Bâtonnier Magnée de Bruxelles sur perspectives lancement de l'association ; le Bâtonnier Pacéré demande implication de la C.I.B., de l'U.I.A. et les Hauts Responsables de ces Associations internationales d'Avocats.

- 4°) Lettre du Bâtonnier Mario Stasi en date du 26 Décembre 1991, NR. MS/mcb au Bâtonnier Pacéré ; elle accuse réception de la lettre du 23 Décembre de celui-ci ; elle donne ses appréciations favorables pour lancement de l'Association Avocats Sans frontière à Bruxelles sur saisine à lui en ce sens par le Bâtonnier Magnée de Bruxelles proposant sa ville pour le lancement ; le Bâtonnier Mario Stasi recommande en ce sens au Bâtonnier Pacéré, cette Ville et ce Barreau de Bruxelles pour lieu de Lancement de l'Association Avocats Sans frontière.

- 5°) Lettre du Bâtonnier PACERE au Bâtonnier Mario STASI en date du 2 Janvier 1992, informant le Bâtonnier Mario Stasi de son accord à lui, Me Pacéré, pour lancer l'Association Avocats Sans Frontière à Bruxelles suite notamment à sa recommandation (Bâtonnier Mario Stasi), en ce sens. Lettre envoyée au Bâtonnier Mario Stasi le même jour par FAX.

Maître Titinga Frédéric PACERE
AVOCAT A LA COUR

BATONNIER DE L'ORDRE

01 B.P. 1152 OUAGADOUGOU 01
Tél. (226) 30-76-15 FAX (226) 31-19-93
BURKINA FASO

OUAGADOUGOU, le 29 Septembre 1991

Monsieur le Bâtonnier STASI Mario
16, Ter, Avenue Bosquet
75007 PARIS

FRANCE

Mon Cher Ami,

Je suis rentré en parfaite santé au pays et voudrais te remercier par la présente, toi, Madame, de toute votre amitié. La confiance que les Confrères du monde ont pour moi, je te le dois au premier chef par ta propre confiance en moi et à tous les Bâtonniers et Confrères amis que j'ai connus par toi.

Tu trouveras annexé à la présente le discours que j'ai prononcé à la fin de nos travaux et dont je t'avais promis copie. Par ailleurs, à MEXICO et à MORELIA j'ai été approché par d'éminnents Confrères qui en toute cordialité (qui m'honore, moi qui, il faut que je l'accepte, provient de pays sous développés) m'ont fait des suggestions d'animation d'organismes ou de centres de réflexions.

En raison de l'importance des problèmes abordés, je me suis permis de faire une lettre dont exemplaire ci-joint.

Pourrais-tu personnellement y réflechir et voir ce qui peut être fait.

Concernant le point fondamental "DES AVOCATS SANS FRONTIERE pourrais-tu voir, s'il t'est possible de le réaliser et de l'animer. Il est certain objectivement qu'une telle entreprise si elle est dans les limites de mes pensées, elle transcende mes compétences matérielles et supposent un homme-carrefour tel que ton envergure à tous niveaux suppose.

.../...

Pourrais-tu voir ce qui peut être fait outre les autres domaines abordés dans la lettre.

En dehors de cela peux-tu me faire parvenir un formulaire d'acte constitutif d'une <u>FONDATION</u> ; il s'agit d'aménagement ultérieurs relativement à mes propres travaux.

Je te remercie par avance.

Bien amicalement.

Me TITINGA Frédéric PACERE
Avocat à la Cour
[illegible]
[illegible] Burkina Faso

<u>Me T.F. PACERE./-</u>

FARTHOUAT, GRENET, STASI & ASSOCIÉS

AVOCATS À LA COUR

16bis, AVENUE BOSQUET

75007 PARIS

VINCENT ASSELINEAU
JEAN-RENÉ FARTHOUAT
MICHEL GRENET
MARIO STASI

AVOCATS À LA COUR ASSOCIÉS

ZINO ADJAS
ANTOINE CHATAIN
DOMINIQUE DUFAU
VALÉRIE FIMA
PATRICIA GUAY
JEAN-CHRISTOPHE MAYMAT
FRANÇOISE POLACK

AVOCATS À LA COUR

TÉLÉPHONE : (1) 45 55 75 65
TÉLÉCOPIEUR : (1) 45 55 58 70
TELEX : CARPA 200 059 F

PARIS, le 25 novembre 1991

Monsieur le Bâtonnier
Titinga Frédéric PACERE
Avocat à la Cour
02 B.P. 1152
OUAGADOUGOU 01
BURKINA FASO

aff. AVOCATS SANS FRONTIERE
NR. MS/mcb

Mon Cher Bâtonnier et Ami,

J'ai bien reçu en son temps ta lettre du 29 septembre et ~~vous~~ confirme les termes de notre entretien lors de la réunion du Comité Directeur de l'U.I.A.

Je pense utile de te confirmer ma réponse par écrit dans la mesure où cela me permet de préciser ma pensée et que je puis ainsi faire un double de cette lettre à Monsieur le Bâtonnier DANET qui a bien voulu me faire savoir qu'il souhaitait connaître mon point de vue.

L'idée des Avocats sans frontière est une idée dont tu peux bien imaginer qu'elle me tient à coeur.

Elle était à la base de nos réflexions lorsque nous avons lancé la CONVENTION INTERNATIONALE DE SAUVEGARDE DES DROITS DE LA DEFENSE signée le 27 juin 1987 à PARIS et à laquelle tu as officiellement adhéré au nom du Barreau du BURKINA FASO à l'occasion de la Rentrée de la Conférence du Stage de PARIS en novembre dernier.

Je ne pourrais oublier cette émouvante cérémonie alors que tu apposais ta signature en même temps que Monsieur le Bâtonnier CERVONI du Barreau de BUCAREST sur l'exemplaire originalde cette Charte.

Il est important de savoir que cette Charte a été un des éléments qui ont pu être pris en considération par l'Organisation Nationale des Nations Unies pour la préparation de sa résolution sur le rôle des Barreaux telle qu'adoptée par une Assemblée Générale en décembre dernier.

C'est sur ces bases ainsi reconnues sur le plan international que devrait être réglé le principe fondamental de la possibilité donnée à quiconque de s'adresser à un Avocat au-delà des frontières de son pays pour voir assurer sa défense dans des conditions totales d'indépendance, l'Avocat devant voir sa sécurité garantie par l'Etat-même dans lequel il viendrait ainsi exercer son Ministère.

Cela posé, le problème qui demeure est celui de la mise en oeuvre de ce principe des Avocats sans frontière.

La proposition que comporte ta lettre tend à ce que soit constitué un groupe d'Avocats disponibles pour intervenir à la demande qui en serait faite pour répondre aux besoins de cette défense indépendante partout dans le monde.

Si le terme ne t'est pas totalement inapproprié, je dirais qu'il s'agit de constituer une véritable bourse où pourraient se rencontrer la demande et l'offre.

Une précision devant être apportée en ce que l'offre devrait être supportée en ses conséquences financières par ceux-là-mêmes qui la feraient ou par des Cabinets qui, plutôt que d'apporter leur propre concours en prestations directes, pourraient assurer un financement du système.

Je pense pour ma part qu'il nous faut commencer de façon très pragmatique et progressive si nous voulons "tester" les chances de succès d'une telle institution.

Nous savons qu'existent en effet déjà la possibilité de recourir à un Avocat par l'intermédiaire d'un organisme aussi prestigieux déjà que la CIB.

Si nous avons envisagé dans ce cadre des observations judiciaires, nous pourrions également concevoir, et le principe en a été arrêté, la mise à la disposition de ceux qui en manifesteraient le besoin d'Avocats chargés d'assurer la défense.

Toutefois, il est vrai que l'UNION INTERNATIONALE DES AVOCATS par sa vocation universelle pourrait être mieux à même de répondre à l'ensemble des besoins qui pourraient se manifester partout dans la planète.

Je pense, en conséquence, qu'il s'agirait, à la réalité, plutôt que de constituer un corps spécialisé et par essence limité, de créer un point de rencontres et de coordination qui pourrait voir son centre dans le cadre de l'U.I.A. et disposer des relais à partir des organisations plus régionales du type CIB ou CONFERENCE DES GRANDS BARREAUX D'EUROPE.

De semblables organisations régionales existent sans doute et leur inventaire serait à mon sens aisé à partir justement des informations que pourraient nous fournir les registres de l'U.I.A. ou ceux également de l'IBA.

Ce qui m'apparaît fondamental en cette démarche, c'est que si elle est opportunément initiée dans le cadre de l'UNION INTERNATIONALE DES AVOCATS, elle ne doit en aucun cas revêtir un caractère exclusif.

Toute rivalité dans les organismes du type humanitaire, et l'on sait qu'elle existe trop souvent, compromet leur efficacité en même temps que leur crédibilité.

C'est dans cette optique que pourrait être lancée et mise en oeuvre l'idée de cette Fédération des efforts pour aboutir tout à la fois à une centralisation des renseignements, et à une déconcentration au niveau de la mise en oeuvre effective du système.

La centralisation pourrait se faire, soit à partir d'un comité constitué à l'intérieur de l'U.I.A. en relation avec les autres organismes, soit à partir d'une institution autonome mais dont il serait bien souligné, je sais que notre Président GRONDIN y tient essentiellement et je le comprends parfaitement, qu'elle serait due à l'initiative de l'U.I.A.

Quoi qu'il en soit, en ce qui nous concerne, au niveau de la CIB, nous pourrions avancer cette réflexion. Nous n'avons, à l'évidence, aucun amour propre à voir nos efforts relayés par d'autres organismes, mais nous pouvons légitimement penser que pour les pays dont les Barreaux sont membres de la CIB, notre Conférence est la mieux placée pour donner vie et réalité à l'idée des Avocats sans frontière.

Je suis bien évidemment à ton entière disposition pour m'entretenir avec toi de toute suite qui pourrait être donnée à ce projet à l'élaboration duquel j'accepte bien volontiers de participer.

Ta lettre du 29 septembre me proposait de jouer un rôle (comme) "carrefour" (sic)... à vrai dire, je crains les embouteillages.

Toutefois, si une équipe devait se constituer dans laquelle tu jouerais un rôle prépondérant, j'accepterai bien volontiers d'en être membre actif.

Bien amicalement à toi,

Bâtonnier Mario STASI.

P.S. Pour répondre à ta demande annexe, je t'adresse ci-joint un formulaire se rapportant à la constitution d'une fondation.
adressé par pli séparé.

Maître Titingo Frédéric PACERE
AVOCAT A LA COUR
BATONNIER DE L'ORDRE
01 B.P. 1152 OUAGADOUGOU 01
Tél (226) 30-76-15 FAX (226) 31-19-98
BURKINA FASO

OUAGADOUGOU, le 23 Décembre 1991

OBJET : AVOCATS SANS FRONTIERE.

Monsieur le Bâtonnier
Mario STASI
Avocat à la Cour
16 TER, AVENUE BOSQUET
75 007 PARIS
FAX (1)45 55 29 79

Mon Cher Bâtonnier et Ami,

Bien merci pour ta lettre qui fait en détail le point de la problématique de l'Institution d'un Organisme d'Avocats sans Frontière, qui et je partage entièrement ton avis constituera une véritable bourse où pourraient se rencontrer dans le contexte concerné une offre et une demande ; la mise en oeuvre est délicate et j'ai bien compris la prudence préconisée afin d'éviter quelque rivalité effectivement possible dans ce domaine surtout humanitaire. Aussi est-il nécessaire de tenir compte de toutes les sensibilités.

Je constate avec joie que l'initiative est bien appréciée et saluée, mais, excuse moi de mon expression bien que tu n'aimes pas les embouteillages des carrefours, que tu reste l'idéal à mon sens pour catalyser les énergies par ta perspicacité tes contacts et tes compétences qui te permettront en cas d'écueils, d'arrondir tous les angles.

J'ai reçu de notre ami Monsieur le Bâtonnier MAGNEE, la lettre que je t'envoie ci-après ; peux-tu analyser ce qui peut être fait ; peut-on dans le cheminement que tu suggères faire relever cela du contexte de la C.I.B. s'agissant de Bruxelles ; si, oui, peux-tu voir ne serait-ce que de manière informelle puis concrète comment implique Messieurs les Bâtonniers et Amis communs GUY Danet (CIB) et Henry GRONDIN (UIA) et Monsieur le Président élu de l'U.I.A. et toutes autres organisations, et personnalités. Peux-tu nous proposer la voie à suivre, particulièrement à moi ?

Ce sont les fêtes mais vu le délai que pose cette proposition importante peux-tu d'urgence voir ce qui peut être fait et m'aviser en FAX si possible, afin que je réponde au Bâtonnier MAGNEE.

Je vous souhaite, toi et Madame et toute la famille de passer d'agréables fêtes de Noël et du Nouvel an.

Mon amical souvenir.

FARTHOUAT, GRENET, STASI & ASSOCIES

AVOCATS À LA COUR

16 bis, AVENUE BOSQUET
75007 PARIS

TÉLÉPHONE : (1) [illegible]
TÉLÉCOPIEUR : (1) [illegible]
TÉLEX : CARHA [illegible]

VINCENT ASSELINEAU
JEAN-RENÉ FARTHOUAT
[illegible]
MICHEL GRENET
MARIO STASI
[illegible]
AVOCATS À LA COUR ASSOCIÉS

LINO ALIAS
ANTOINE CHATAIN
DOMINIQUE DUFAU
VALÉRIE FIMA
PATRICIA GUAY
JEAN-CHRISTOPHE MAYMAT
FRANÇOISE POLACK
AVOCATS À LA COUR

PARIS, le 26 décembre 1991

Monsieur le Bâtonnier
Titinga Frédéric PACERE
FAX
19.226.31.19.98.

AVOCATS SANS FRONTIERE
NR. MS/mcb

Mon Cher Ami,

J'ai bien reçu ton fax du 23 décembre et comme suite à notre entretien téléphonique, je te confirme mon parfait accord pour jouer le rôle qui peut t'apparaître le plus utile.

Notre ami, le Bâtonnier MAGNEE, m'a fait savoir son désir de voir l'initiative se concrétiser à l'occasion de la Rentrée de la Conférence de BRUXELLES.

Je ne puis pour ma part qu'approuver cette idée pour toutes les raisons que tu peux imaginer.

Elle émane d'un ami,

elle émane du Bâtonnier d'un des grands Barreaux d'Europe, membre de la CIB.

Je sais d'autre part qu'il ne s'agit pas de tirer une quelconque vanité, fusse-t-elle personnelle ou ordinale, et bien simplement de marquer la volonté du Barreau de BRUXELLES de favoriser cette cristallisation des énergies.

Je pense qu'effectivement l'U.I.A. pourrait être sur le plan universel, la structure la plus adoptée à permettre la réalisation de ce projet et à cet effet, il faudrait que le Bâtonnier GRONDIN puisse être présent à la réunion de BRUXELLES pour prendre éventuellement la balle au bond.

L'essentiel est à l'évidence que l'affaire progresse et l'apport du Bâtonnier MAGNEE du Barreau de BRUXELLES pourrait être totalement déterminant.

Je me permets d'adresser au Bâtonnier MAGNEE copie de cette lettre.

Je t'assure à nouveau pour toi et pour tous les tiens les voeux les plus affectueux pour la nouvelle année.

Bien amicalement à toi,

Bâtonnier Mario STASI.

Maître Titinga Frédéric PACERE
AVOCAT A LA COUR

BATONNIER DE L'ORDRE

01 B. P. 1152 OUAGADOUGOU 01
Tél. (226) 30-76-15 FAX (226) 31-19-98
BURKINA FASO

OUAGADOUGOU, le 02 Janvier 1992

Affaire : Avocats sans Frontière
VR/.S/.CB.

Monsieur le Bâtonnier
Mario STASI
Avocat à la Cour
16ter, Avenue Bosquet
75007 PARIS

FRANCE

Mon Cher Bâtonnier et Ami,

Suite à notre communication téléphonique je réponds à Monsieur le Bâtonnier MAGNEE pour apprécier favorablement le lancement du mouvement "AVOCATS SANS FRONTIERE" ci-après copie de ma lettre.

Concernant la Conférence aux Avocats sur le Thème Littéraire, je te propose à leur intention le Thème : "LITTERATURE TAMBOURINEE et LITTERATURE DES MASQUES EN AFRIQUE".

Peux-tu si possible faire faire le nécessaire et m'aviser de la période pour organisation de ma part afin de déplacement.

A l'occasion du nouvel an Cathy et moi, t'adressons à toi à Madame, à toute la famille, nos voeux de bonheur, de prospérité, de réalisation de tous nos rêves.

Bien amicalement.

Me T.F. PACERE./-

envoyé en fax ce jour 2 janvier

ANNEXE D

DEMARCHES AUPRES DE L'U.I.A. (UNION INTERNATIONALE DES AVOCATS) ET DE LA C.I.B.(CONFÉRENCE INTERNATIONALE DES BARREAUX DE TRADITION JURIDIQUE COMMUNE)

Sur ce Chapitre, voir également les côtes portant sur le Bâtonnier Mario Stasi, (échanges de correspondances, discours dont à Yaoundé, Congrès de la C.I.B).

- 1°) Lettre de Monsieur le Président Juan Antonio CREMADES, Président de l'U.I.A en date du 13 Novembre 1991 au Bâtonnier PACERE en réponse à la Lettre circulaire envoyée par celui-ci à 250 Avocats du monde dont à lui, en date du 29 Septembre 1991 pour création de l'Association Avocats Sans Frontière ; lettre de congratulation à l'endroit du Bâtonnier Pacéré, et engagement de soumettre les propositions de la Lettre (3 Projets dans la lettre dont celui de création de Avocats Sans Frontière) au Comité de l'U.I.A. à la prochaine réunion, parce qu'il les considère comme étant de grand intérêt.

- 2°) Lettre du Bâtonnier Mario Stasi en date du 26 Décembre 1991 au Bâtonnier Pacéré faisant le point du Congrès de la C.I.B. de Yaoundé, transmettant son Discours à cette occasion, Discours dans lequel il a beaucoup fait référence au Bâtonnier PACERE (Initiative et perspective de création de Avocats Sans Frontière) ; (voir les extraits de ce Discours dans la partie concernant les démarches du Bâtonnier Mario Stasi dans le texte de l'ouvrage et dans les Annexes de la présente).

- 3°) Résolution de la C.I.B. sur l'intérêt d'une création d'Avocats Sans Frontière (« Commission Avocats Sans Frontière »).

- 4°) « NOTE POUR LE BULLETIN DU BATONNIER » ; compte rendu de l'Ordre des Avocats de Paris sur les assises de la 7ème Réunion de la C.I.B. de Yaoundé ; cette Note fait état des Résolutions prises dont l'une prévoyant la Reconnaissance de la Notion « AVOCATS SANS FRONTIERE » ; comme je l'ai spécifié dans le texte de l'Ouvrage, pour lancer l'Association, je souhaitais seulement mais,surtout, une volonté exprimée de l'U.I.A. et de la C.I.B. pour une perspective de création de Avocats Sans Frontière ; cela était pour moi, une couverture suffisante pour les bases à jeter de cette Association ; l'Association était certainement complexe et telle à être envisagée que les Institutions hésiteraient à se jeter dans une précipitation ; mais les individus pouvaient risquer en raison de leurs volontés et capacités intrinsèques ; les démarches confidentielles déjà faites et fructueuses que l'opinion générale ne pouvait pas connaître , le travail déjà abattu ici par le Bâtonnier Mario Stasi et moi surtout des données fiables en ma possession , dictaient au besoin, l'aventure.

J. ET B. CREMADES ET ASSOCIÉS
51, AVENUE GEORGES MANDEL
75116 PARIS
TÉLEX CREGASC 640092 F · TÉLÉCOPIEUR (1) 45 53 58 49
TÉL. (1) 45 53 55 50

JUAN ANTONIO CREMADES
BERNARDO CREMADES
AVOCATS AUX BARREAUX DE PARIS ET DE MADRID

ISABEL ZIVY
MARIE-ANNICK VALLUIS
AVOCATS AU BARREAU DE PARIS

ASSOCIATION D'AVOCATS

EDITH MARION
AVOCAT AU BARREAU DE PARIS

GOYA, 18
MADRID 28001
TÉL. (1) 431 83 54
TÉLÉCOPIEUR (1) 576 97 94
TELEX 23998 ACHE E

AV. LOUISE, 391
1050 BRUXELLES
TÉL. (2) 648 98 40
TÉLEX 62630 CORMAS B

Paris, le 13 novembre 1991

Monsieur le Bâtonnier
Titinga Frédéric PACERE
01 B.P. 1152
OUAGADOUGOU 01
BURKINA FASO

Mon Cher Confrère et Ami,

Je vous remercie vivement de vos lettres du 29 septembre dernier, ainsi que des trois ouvrages qui y étaient joints, "l'Artisan du Burkina", "Au Nom du Droit" et "Ainsi on a assassiné tous le Mossé".

Je les ai feuilletés dès leur arrivée aujourd'hui même. Je les trouve passionnants et je me propose de les lire avec intérêt et de les faire lire également par ma femme qui y sera très sensible.

J'ai été très heureux, ainsi que vous le savez, de compter sur votre aide et votre présence tout au long de ma présidence de l'Union Internationale des Avocats.

Je suis fier de savoir que nous allons continuer de travailler ensemble au sein du Comité de Direction.

Je transmettrai à la prochaine réunion de ce comité l'ensemble de vos propositions, parce que je considère qu'elles sont d'un très grand intérêt.

En conséquence, j'espère que nous pourrons réaliser cela lors des congrès et que nous serons donc en mesure d'avancer dans la voie que vous avez si bien indiquée.

Votre bien cordialement dévoué confrère.

Juan Antonio CREMADES

ORDRE DES AVOCATS
A LA
COUR DE PARIS

PARIS, le 26 décembre 1991

Monsieur le Bâtonnier
Titinga Frédéric PACERE
Avocat à la Cour
01 B.P. 1152
OUAGADOUGOU 01
BURKINA FASO

CIB YAOUNDE
NR. MS/mcb

Mon Cher Bâtonnier,

Nous avons, comme tu l'imagines, regretté que tu n'aies pu être des nôtres à YAOUNDE.

Je t'ai fait part dans mon courrier récent de mon émotion à propos des raisons de ton absence.

Je te prie de trouver ci-joint, pour te tenir informé, le texte des résolutions adoptées et me permets de t'adresser mon discours.

Tu pourras constater que je t'ai largement cité et qu'au demeurant, je me suis fait ton interprète en ce qui concerne l'institution des Avocats sans frontière.

Bien amicalement à toi,

Bâtonnier Mario STASI.

....le, ...

La CIB, réunie à Yaoundé (Cameroun) du 11 au 14 décembre 1991,

Réaffirme son souci que soit assuré partout et dans toutes circonstances le respect des Droits de la Défense, exigence fondamentale de la démocratie.

Rappelle que si la liberté de circulation peut être réglementée par les législations nationales, aucune entrave ne peut être apportée au déplacement d'un avocat qui va assister un client, que ce soit dans son pays ou à l'étranger.

Décide d'étudier la création d'une "commission Avocats sans frontière", qui veillera à apporter son soutien matériel, intellectuel et physique aux Ordres ou aux avocats en difficulté, ainsi qu'à tout individu qui souhaiterait l'assistance d'un avocat étranger.

NOTE POUR LE BULLETIN DU BATONNIER

Septième réunion de la C.I.B. à YAOUNDE (Cameroun).

Du 11 au 14 décembre s'est tenue à Yaoundé (Cameroun) la septième réunion de la C.I.B., Conférence Internationale des Barreaux de tradition juridique commune, créée à Paris en Novembre 1985 à l'initiative de Monsieur le Bâtonnier Guy DANET.

Après les réunions de Genève, Lomé (Togo), Montréal, Abidjan et Bruxelles, c'est la troisième fois que la Conférence tenait ses assises en terre africaine.

La délégation du Barreau de Paris était menée par Mr le Bâtonnier Mario STASI qui était accompagné de Mr Paul NEMO, Secrétaire général adjoint de la C.I.B., ancien Membre du Conseil de l'Ordre, et de MM. Hervé ROBERT, Jean-Yves DUPEUX et Jean Michel HOCQUARD.

Participaient également à la délégation française Mr le Bâtonnier VIGNANCOURT, prochain Président de la Conférence des Bâtonniers.

La session était plus particulièrement consacrée au thème "L'avocat et la démocratie". Ce thème paraissait particulièrement d'actualité compte tenu des différents mouvements qui affectent l'ensemble des pays d'Afrique.

La séance inaugurale était présidée par Mr le Ministre de la Justice du Cameroun , le Ministre, ancien avocat, était particulièrement intéressé par la tenue d'une conférence dès lors qu'il figurait parmi les membres fondateurs ayant représenté le Cameroun lors de la signature de l'acte constitutif à Paris en Novembre 1985.

Le discours de l'ouverture a été prononcé par le Bâtonnier Mario STASI rappelant les buts de la Conférence, puis définissant le nouveau projet (assistance des Barreaux en difficulté, adhésion à la Convention internationale de la Sauvegarde des Droits de la Défense et à la Charte d'accès à la justice pour tous, protection du secret professionnel, organisation des échanges de stagiaires).

Il a souligné combien dans une Conférence de ce type chaque Barreau apportait à l'autre son expérience et ses qualités spécifiques indépendamment du degré de développement politique, économique et social de son pays d'origine.

Il a souligné que le rôle des avocats en démocratie c'était une constante vigilance et s'il le fallait un réel contre-pouvoir, la nécessité de défendre les individualités des libertés individuelles qui n'existent pas que dans les pays en voie de développement...

A ces assises participaient pour la première fois les Barreaux de Madagascar, du Burundi et du Gabon représentés par leurs Bâtonniers.

Ont été évoqués plus particulièrement les évènements du Togo en présence d'une délégation togolaise. Le Bâtonnier du Togo, actuellement en exil, réfugié au Bénin, n'a pu se rendre aux travaux. La Conférence a marqué sa solidarité avec les efforts accomplis par le Barreau togolais pour la défense de la démocratie au Togo, se rappelant que Mr le Premier Ministre Joseph KOFFIGOH, ancien Bâtonnier du Togo, avait accueilli la C.I.B. lors de la réunion qui s'était tenue à Lomé en 1987 et avait encore participé aux travaux de la C.I.B. à l'occasion de la dernière Conférence de Bruxelles en Janvier 1991.

Au cours des travaux auxquels participaient près de 200 avocats ont été abordés les problèmes du statut de l'avocat (conférence de Jean-Yves DUPEUX), de l'avocat seul contre-pouvoir légitime en démocratie (conférence du Bâtonnier MAGNEE du Barreau de Bruxelles), de l'indépendance de la magistrature et du rôle des avocats dans les procès politiques.

La Conférence a voté plusieurs résolutions dont l'une prévoyant la reconnaissance de la notion "avocat sans frontière" pour permettre à tout avocat de toute personne appelée à être jugée à recourir à un avocat de quelque pays que ce soit. Cette institution dans l'esprit de la Charte internationale des droits de la défense signée à Paris en Janvier 1987 doit conduire dans le ressort des Barreaux intéressés par la C.I.B. à la constitution d'une structure appelée à recueillir les besoins et demandes et à recevoir les offres de service qui pourraient émaner des cabinets intéressés par cette façon de marquer leur solidarité à l'égard de leurs Confrères défavorisés ou menacés dans l'exercice de leur indépendance professionnelle ou même de leur intégrité physique.

Le Bâtonnier Bernard MOUNA, Bâtonnier national du Cameroun présidait l'ensemble des travaux de la Conférence dont l'organisation avait incombé à Maître MONGUEDIN.

Lors de la séance administrative qui clôturait les débats, sur rapport de Mr Paul NEMO, le Barreau de Bruxelles a été coopté pour faire partie du Comité de coordination aux côtés des Barreaux de Paris, du Québec, de Mauritanie, du Togo, du Sénégal, du Cameroun , du Burkina Faso et du Liban.

La prochaine réunion de la C.I.B. se tiendra en 1992 à Dakar sous la présidence de Mr le Bâtonnier SENE.

ANNEXE E

DEMARCHES AUPRES DU BARREAU FRANÇAIS DE BRUXELLES

- 1°) Lettre du Bâtonnier Edouard JAKHIAN du Barreau de Bruxelles au Bâtonnier PACERE en date du 25 Novembre 1991, Réf : EDJ/ND125 , par laquelle le Bâtonnier spécifie avoir reçu la Lettre circulaire du Bâtonnier Pacéré souhaitant création de l'Association Avocats Sans Frontière ; il marque son entier accord pour la création de cette association,et félicite le Bâtonnier Pacéré pour la générosité de cette idée ; entre autres idées et initiatives, il dit qu'il transmet cette Lettre au Bâtonnier Xavier Magnée, Bâtonnier en exercice du Barreau Français de Bruxelles et dit lui en avoir déjà parlé et que celuici se mettra en rapport avec le Bâtonnier Pacéré.

- 2°) Lettre du Bâtonnier Xavier MAGNEE, Bâtonnier en exercice du Barreau Français de Bruxelles en date du 4 Décembre 1991, au Bâtonnier PACERE portant Objet « AVOCATS SANS FRONTIERE ». Le Bâtonnier Magnée précise que le Bâtonnier Jakhian du Barreau de Bruxelles qui a reçu la lettre du 29 Septembre 1991 du Bâtonnier Pacéré, souhaitant créer l'Association Avocats Sans frontière lui a transmis cette lettre à toutes fins de dispositions et faisabilité en rapport avec le Bâtonnier PACERE.

Cette Lettre est capitale pour l'histoire de la genèse de l'Association Avocats Sans Frontière ; le Bâtonnier Magnée spécifie entre autre dans cette Lettre de sa part :

« J'applaudis avec enthousiasme à votre excellente idée.......

Nous avons décidé de mettre à votre disposition les forces les plus vives de l'Ordre Français du Barreau de Bruxelles ».

Il propose au Bâtonnier PACERE pour le lancement de

« Profiter des cérémonies de Rentrée du Barreau de Bruxelles, le Vendredi 24 Janvier pour lancer le Mouvement avec les Bâtonniers qui seront rassemblés à cette occasion dans la Capitale de l'Europe ».

Il ajoute sur la Paternité de l'initiative du Mouvement et du Lancement :

« Ce serait l'occasion d'annoncer nos objectifs précis, de faire le compte de nos alliances et de jeter les fondements d'une structure officielle dont la présidence vous revient, bien entendu » (Présidence donc, au BATONNIER TITINGA FREDERIC PACERE ».

Pour organisation de la cérémonie du Lancement, le Bâtonnier MAGNEE précise :

« Je constitue à Bruxelles, une Commission composée de Monsieur le Bâtonnier Edouard Jakhian et de Monsieur le Dauphin Pierre Legros ».

Et précise,

« J'adresse copie de la présente à Monsieur le Bâtonnier Jakhian et à Monsieur le Dauphin de l'Ordre, Me Pierre Legros ».

- 3°) Lettre du Bâtonnier Mario Stasi de Paris, au Bâtonnier Xavier Magnée de Bruxelles en date du 26 Décembre 1991 (NR.MS/mcb), sur le Lancement de Avocats Sans frontière et la Ville de Bruxelles, siège du Barreau Français de Bruxelles à pouvoir être retenu comme Site ; le Bâtonnier Mario Stasi marque son intérêt et son accord sur ce Site, explique qu'il en a déjà fait part au Bâtonnier Pacéré sur l'opportunité de ce Site.

- 4°) Lettre du Bâtonnier Pacéré au Bâtonnier Xavier Magnée du Barreau Français de Bruxelles, en date du 2 Janvier 1992, marquant l'accord du Bâtonnier Pacéré pour Lancement de l'Association Avocats Sans Frontière à Bruxelles et pour la date du 24 Janvier 1992, à l'occasion de la Rentrée du Barreau de Bruxelles. Le Bâtonnier Pacéré suggère d'aviser les grands Barreaux d'Europe,, les Présidents de l'U.I.A., de la C.I.B. et divers grands Organismes d'Avocats et les Avocats. Cette lettre fut envoyée le même jour par FAX.

- 5°) Lettre du Bâtonnier PACERE au Bâtonnier de l'Ordre Français des Avocats de Bruxelles en date du 15 Janvier 1992, remerciant le Barreau Belge de toutes les dispositions prises pour lui et pour son déplacement pour le lancement de l'association Avocats Sans frontière ; il demande au Barreau Belge d'inviter la Presse internationale et nationale pour couverture de l'évènement pour portée mondiale et historique.

JANSON BAUGNIET & ASSOCIES

167 CHAUSSÉE DE LA HULPE B-1170 BRUXELLES
TEL 32 2 675.30.30 TELEX 26983 B JANBAU TELEFAX 32 2 675.30.31

ROGER O. DALCQ
JACQUES DE GAVRE
EDOUARD JAKHIAN
ANDRÉ JOSSART
FRANÇOIS GLANSDORFF
MARIE-FRANCE LAMBÉ
HENRI-PAUL LEMAITRE
ALAIN d'IETEREN
ROSINE PÉRELH
MICHEL LEVY MORELLE
PAUL-HENRY DELVAUX
DOMINIQUE LAGASSE
LUCAS VOGEL

AVOCATS ASSOCIÉS

GISÈLE STEPANIAN
MARINA BLITZ
VIVIANE BONNEVILLE
GENEVIÈVE TASSIN
ANNIK BOUCHÉ
CHRISTINE DALCQ
ALAIN GOLDSCHMIDT
DANIEL de CALLATAY

AVOCATS

Monsieur le Bâtonnier
Titinga Frédéric PACERE

01 B.P. 1152 OUAGADOUGOU 01
BURKINA FASO.

Le 25 novembre 1991. EDJ/ND125

Monsieur le Bâtonnier,

J'ai reçu, il y a quelques jours, votre lettre du 29 septembre, pour laquelle je vous remercie.

Dois-je vous dire que c'est sans aucune réserve que j'adhère personnellement à votre projet de créer les "Avocats sans Frontières" ?

Je vous félicite pour la générosité de votre idée.

Je considère cependant que si elle peut réunir, à titre personnel, des avocats ou des cabinets d'avocats, elle devrait également mobiliser l'attention et les efforts des barreaux du monde industrialisé.

Il en est spécialement ainsi, par ailleurs, des Banques d'Ouvrages et d'Equipements et des Organismes d'Aides de la Défense.

Je me permets dès lors de transmettre votre lettre à Me Xavier Magnée, bâtonnier en exercice de l'Ordre français des Avocats du Barreau de Bruxelles, à qui j'en ai déjà parlé. Je ne doute pas que Monsieur le Bâtonnier Magnée se mettra incessamment en rapport avec vous.

En espérant avoir le plaisir de vous rencontrer à nouveau, à l'une ou à l'autre occasion, je vous prie de croire, Monsieur le Bâtonnier, à l'assurance de mes sentiments fidèles et très amicaux.

Edouard Jakhian.

ORDRE FRANÇAIS DES AVOCATS DU BARREAU DE BRUXELLES

Palais de Justice
1000 Bruxelles

Monsieur le bâtonnier
Titinga Frédéric PACERE,
01 B.P. 1152 OUAGADOUGOU 01
BURKINA FASO
Afrique

Par avion.

Le bâtonnier
XM/CW/D.PRINC. 465

Bruxelles le 4 décembre 1991

(à rappeler s.v.p. sous peine de renvoi à son expéditeur)

Monsieur le bâtonnier,

Concerne: "Avocats sans frontières".

Monsieur le bâtonnier Jakhian m'a donné votre lettre du 29 septembre 1991 et j'ai pris connaissance de la réponse qu'il vous a faite ce 25 novembre 1991.

J'applaudis avec enthousiasme à votre excellente idée, que partageait d'ailleurs déjà le bâtonnier élu à me succéder, actuellement dauphin de l'Ordre, Me Pierre Legros.

Nous avons donc décidé de mettre à votre disposition les forces les plus vives de l'Ordre français du barreau de Bruxelles.

Ne vous paraît-il pas que nous pourrions profiter des cérémonies de rentrée du barreau de Bruxelles, le vendredi 24 janvier, pour lancer le mouvement avec les bâtonniers qui seront rassemblés à cette occasion dans la capitale de l'Europe ?

Ce serait l'occasion d'annoncer nos objectifs précis, de faire le compte de nos alliances et de jeter les fondements d'une structure officielle dont la présidence vous revient bien entendu.

Je constitue à Bruxelles une commission composée de Monsieur le bâtonnier Edouard Jakhian, et de Monsieur le dauphin Pierre Legros.

./...

Vous recevrez très bientôt les invitations que le président de la Conférence du Jeune Barreau doit lancer pour les cérémonies de rentrée à Bruxelles, qui auront lieu les 23,24 et 25 janvier 1992.

J'adresse copie de la présente à Monsieur le bâtonnier Jakhian et à Monsieur le dauphin de l'Ordre, Me Pierre Legros.

Je saisis cette occasion de vous renouveler, Monsieur le bâtonnier, l'expression très chaleureuse de ma haute considération.

Le bâtonnier de l'Ordre,

Xavier Magnée

cc.: Monsieur le bâtonnier
Edouard Jakhian,
Me Pierre Legros,
dauphin de l'Ordre.

PARIS, le 26 décembre 1991

Monsieur le Bâtonnier
Xavier MAGNEE
ORDRE FRANCAIS DES AVOCATS
DU BARREAU DE BRUXELLES
PALAIS DE JUSTICE
1000 - BRUXELLES
BELGIQUE

AVOCATS SANS FRONTIERE
NR. MS/mcb

Monsieur le Bâtonnier,

Monsieur le Bâtonnier Frédéric Titinga PACERE a eu l'obligeance de m'adresser copie de la lettre qu'en date du 4 décembre tu lui as fait parvenir.

Nous avons pu nous entretenir de ce problème à l'occasion de nos entretiens de YAOUNDE. J'en ai fait part au téléphone au Bâtonnier PACERE et je lui confirme cette position par la lettre que je lui envoie ce même jour et dont je t'adresse copie.

Cela m'est une nouvelle fois l'occasion de te dire combien l'initiative du Barreau de BRUXELLES m'apparait opportune ; si tu penses que je peux aider à cette réalisation, à laquelle l'amitié du Bâtonnier PACERE veut m'associer, compte tenu également de ce qu'il s'agit d'une des conséquences de la CHARTE INTERNATIONALE DE SAUVEGARDE DES DROITS DE LA DEFENSE, je reste à ton entière disposition.

Je t'adresse d'ailleurs également à cet effet copie de la lettre que j'avais envoyée dans un premier temps au Bâtonnier PACERE et de celle que je lui envoie en réponse à celle qu'il m'a envoyée le 23 décembre.

Bien amicalement à toi et avec tous nos voeux.

Bâtonnier Mario STASI.

P.J.

Maître Titinga Frédéric PACERE
AVOCAT A LA COUR

BATONNIER DE L'ORDRE

01 B.P. 1152 OUAGADOUGOU 01
Tél. (226) 30-76-15 FAX (226) 31-19-98
BURKINA FASO

OUAGADOUGOU, le 02 Janvier 1992

V/R. [illegible]/CW/D. [illegible] 465.
AVOCATS SANS FRONTIERES.

Monsieur le Bâtonnier
Xavier MAGNEE
ORDRE FRANÇAIS DES AVOCATS DU
BARREAU DE BRUXELLES
PALAIS DE JUSTICE

1000 BRUXELLES

Monsieur le Bâtonnier et Cher Ami,

Je reçois votre lettre du 4 Décembre 1991 ; je vous en remercie et à travers vous, notre ami, Monsieur le Bâtonnier Jakhian de l'accueil reservé à l'éventualité d'une Institution d'Avocats sans Frontière et autres projets.

Je serai heureux du lancement du Mouvement à l'occasion des cérémonies de Rentrée du Barreau de Bruxelles le 24 Janvier.

Vous serait-il possible d'aviser le grand nombre d'Ordres et d'Avocats et également d'organisations en la matière telles que notamment les Présidents de l'U.I.A, la C.I.B, Conférence des Grands Barreaux d'Europe, Union Inter-Africaine des Avocats.............etc.

Je prendrai toutes dispositions pour être à votre Rentrée Solennelle.

Le problème à mon niveau reste les possibilités financières vu notre situation confrontée avec l'existence par grand monopole en leur faveur, d'Avocats Fonctionnaires ; serait-il possible d'envisager une prise en charge en la matière ; je lutte de toute façon pour une solution.

Sous l'angle pratique, pourriez-vous me reserver suite sur l'organisation pratique de ce lancement ; vu l'urgence pourriez-vous me contacter par FAX.

Je vous remercie de votre confraternelle et bienveillante attention.

Je profite de la présente pour vous adresser, à vous, à Madame, à Monsieur le Bâtonnier Jakhian, à Monsieur le Dauphin Pierre [illegible], à toute la famille des Avocats mes meilleurs voeux de santé, prospérité à l'occasion de l'année nouvelle souhaitant la réalisation de toutes nos aspirations.

Mon amical et confraternel souvenir.

Me T.F. PACERE./-

Maître Titinga Frédéric PACERE
AVOCAT A LA COUR

BATONNIER DE L'ORDRE

01 B. P. 1152 OUAGADOUGOU 01
Tél. (226) 30-76-15 FAX (226) 31-19-98
BURKINA FASO

OUAGADOUGOU, le 13 Janvier 1992

Monsieur le Bâtonnier de l'Ordre
Français des Avocats [illegible]
de Bruxelles

Objet : AVOCATS SANS FRONTIERES.

Monsieur le Bâtonnier et Cher Ami,

Merci pour tout ce qui est fait pour moi et vos FAX du 13 Janvier dont j'accuse réception.

Je vous fais parvenir le formulaire d'inscription rempli à toutes fins ; et prends attache avec C.T.A. pour le titre de transport et le voyage.

Je mesure, qui honore tous les Avocats du monde, l'importance de l'évènement, et l'effort entrepris par votre éminent Barreau.

Une idée en outre me vient eu égard à la noblesse et à la grandeur de l'entreprise, de tels mouvement surtout à l'origine devant utiliser l'effet médiatique même si l'action répondra de l'essentiel.

Pensant particulièrement aux Etats du Tiers Monde où l'information circule difficilement alors qu'une telle oeuvre relèvera de leur grand intérêt serait-il possible de convier la Presse surtout en cette Capitale de l'Europe, écrite, parlée, télé, visuelle (Radio Bruxelles, la voix de l'Allemagne, Radio-France Internationale, la B.B.C, Radio Vatican, La Voix de l'Allemagne... etc) pour couvrir l'évènement, cela pourrait au delà de l'information stricte, sensibiliser déjà à notre optique les victimes en situation, pour un espoir avec leur concours déjà avisé, et nous même, prendre la mesure de notre responsabilité au delà de la conscience que nous avons certes déjà ; il s'agit simplement de suggestions déjà entendues par votre Autorité dont j'en suis convaincu, d'autres initiatives avec elles sont déjà prises.

Mon Epouse est présentement à Paris arrivée malheureusement en retard par le fait de la lourdeur de l'Administration ; si son programme était maîtrisé je viendrai avec elle pour les différentes cérémonies.

Vous remerciant une fois de plus, je vous prie de croire Monsieur le Bâtonnier et Cher Ami, en mes sentiments confraternels et dévoués.

Me F. T. PACERE./-

ANNEXE F

LANCEMENT DE L'ASSOCIATION « AVOCATS SANS FRONTIERE »

- 1°) Cartes d'Invitation pour le Lancement de Avocats Sans Frontière adressée à tous les Barreaux, Bâtonniers, Avocats, Institutions intéressés dont l'U.I.A., la C.I.B. et au Bâtonnier PACERE qui devait venir procéder au Lancement de l'Association ; ici, modèle de la Carte envoyée au Bâtonnier PACERE.

On relève qu'il y est expressément écrit sur la Carte :

> « ***A l'Occasion de la Fondation du Mouvement Humanitaire « Avocats Sans Frontière », sous l'égide de la Conférence Internationale des Barreaux de Tradition Juridique Commune et à l'Initiative de Monsieur PACERE, Bâtonnier de l'Ordre des Avocats du Burkina Faso, le Bâtonnier Xavier Magnée,et les Membres du Conseil de l'Ordre Français des Avocats du Barreau de Bruxelles prient.........D'assister à la Cérémonie d'ouverture qui aura lieu, le 24 Janvier 1992 à 10 Heures, au Palais de Justice, dans la Salle des audiences solennelles de la Cour de Cassation... »***.

Il est joint également ici en collée, l'Invitation du Bâtonnier PACERE ET MADAME pour la réception à l'occasion de la Rentrée Solennelle de l'Ordre qui a lieu le même jour du Lancement de l'Association Avocats Sans frontière.

- 2°) Message de Monsieur Bernard KOUCHNER Secrétaire d'Etat à l'Action Humanitaire (France), à l'occasion de l'inauguration du Mouvement « Avocats Sans Frontière » le 24 Janvier 1992 à Bruxelles.

Ce Message fut remis au Bâtonnier Pacéré la veille du Lancement, par le Bâtonnier Magnée, Bâtonnier en exercice du Barreau Français de Bruxelles pour disposition en regard des messages reçus d'appui au lancement de l'Association. ;

Monsieur Bernard Kouchner y précise dans son message qu'il a été sensible à cette Invitation d'assister à la Cérémonie et apporte son soutien à l'organisme qui sera lancé ; cette haute Personnalité politique de la France et de l'Humanitaire spécifie ici qu'elle s'exprime dans son message en qualité d'invité et s'exprime ici à l'occasion de ce Lancement en cette qualité..

- 3°) Document XM/RL/Dos. Princ. 461 « Avocats Sans Frontières ».

Ce Document a été distribué aux Avocats et Personnalités venus pour le lancement, puis retirés en concertation à l'issue de la Cérémonie du Lancement ; Ce document est appelé « CHARTE FONDATRICE DE AVOCATS SANS FRONTIERES RATIFIEE LE 24 JANVIER 1992 » des Actes de Avocats Sans Frontière.

On constate que ce document ne fait nulle part référence, à l'Union Internationale des Avocats (U.I.A.), ni à la Conférence Internationale des Barreaux de Tradition Juridique Commune (la C.I.B.), ni au Bâtonnier PACERE qui a eu l'initiative du Projet et qui a lancé l'Association comme la Carte d'Invitation envoyée partout par le Barreau de Bruxelles le précise.

On constate au Point 2 de son Dispositif qu'il est dit pour création alléguée de AVOCATS SANS FRONTIERE :

« Décident d'organiser en commun chaque fois que les circonstances l'exigent pour la défense des droits de l'homme ou des droits politiques ou dans toute situation d'urgence du même ordre, l'assistance des personnes mises en cause en quelque pays que ce soit ».

C'est une Organisation pour « s'organiser chaque fois que les circonstances l'exigent », en matière de défense des droits de l'homme ; ce n'est pas un lancement d'une Organisation encore moins, celui de la traduction du Lancement de l'Association Avocats Sans Frontière ; l'origine, les démarches, l'histoire, le lancement du Mouvement, ne relèvent pas d'un suivi, d'une compréhension, d'une maîtrise de la part de l'Organisation ; le Concept est plutôt de créer une structure permanente de cadre de travail d'Avocats, à les organiser, quitte à ce que cette structure, chaque fois que des circonstances l'exigent ,organisent de manière ponctuelle ou sectorielles, ou conjoncturelle ,l'assistance des personnes. L'histoire les travaux préparatoires, le point d'aboutissement des initiateurs, restent manifestement méconnus ; les acteurs de l'initiative et des travaux préparatoires on été subitement méconnus et écartés.

- 4°) Journal « LE SOIR » de Belgique », édition du 24 Janvier 1992 ; article « DES AVOICATS DE BRUXELLES CREENT « AVOCATS SANS FRONTIERES ; Des voix pour ceux que l'on fait taire ».

Au 2ème paragraphe de l'article il y est écrit :

« L'initiative est née de Me PACERE, Bâtonnier au Barreau Burkina Faso ».

L'auteur adresse ses sincères remerciements à la personne qui lui a envoyé ce journal pour ses archives et à toutes fins utiles.

- 5°) « AVOCATS SANS FRONTIERE » Bruxelles, Vendredi 24 Janvier 1992 ; Emission Télévisée ; V.T.M.-R.T.B.F. Transcription libre Emission :

L'auteur adresse ses sincères remerciements à la personne qui a enregistré cette émission et la lui a envoyée pour ses archives et à toutes fins utiles.

* A réellement parler Me Pacéré a connu beaucoup de désagréments et tourments jusqu'à la suspension d'exercice ; il a dû plusieurs fois se cacher par les menaces, mais en fait il n'a pas été emprisonné ; pour la solidarité de Corps, il faut reconnaître effectivement qu'il fut soutenu et qui fut fondamental, lui et les Avocats du Pays, par la solidarité et la détermination des avocats extérieurs.

A l'occasion de la fondation du mouvement humanitaire « Avocats sans frontières », sous l'égide de la Conférence internationale des Barreaux de Tradition juridique commune et à l'initiative de Monsieur Pacere, bâtonnier de l'Ordre des avocats du Burkina Faso, le bâtonnier Xavier Magnée et les membres du conseil de l'Ordre français des avocats du barreau de Bruxelles prient

Monsieur le Bâtonnier F. Pacere

d'assister à la cérémonie d'ouverture qui aura lieu le 24 janvier 1992 à 10 heures, au Palais de Justice, dans la salle des audiences solennelles de la Cour de Cassation.

R.s.v.p.

Palais de Justice
1000 Bruxelles

Le bâtonnier Xavier Magnée et les membres du conseil de l'Ordre français des avocats du barreau de Bruxelles prient

Monsieur le Bâtonnier et Madame Pacere

de leur faire l'honneur d'assister au déjeuner-buffet qu'ils donneront, à l'occasion de la rentrée solennelle, le samedi 25 janvier 1992 à 12 heures, à l'Hôtel Métropole, place de Brouckère à 1000 Bruxelles.

Palais de Justice

Message de Monsieur Bernard KOUCHNER,
Secrétaire d'État à l'Action Humanitaire,
adressé à l'occasion de l'inauguration du mouvement
"Avocats sans frontières"
le 24 janvier 1992 à Bruxelles.

Monsieur le Président de la Cour de Cassation, Messieurs les magistrats, Monsieur le bâtonnier, Chers Maîtres.

J'ai été très sensible à l'invitation que vous m'avez adressée au nom du Barreau de Bruxelles pour cette cérémonie au cours de laquelle aura lieu la fondation d'"Avocats sans frontières".

J'y ai été sensible d'abord en ma qualité de militant. Depuis plus de vingt ans nous nous sommes rendus au chevet des corps blessés, souffrants, mal nourris. Médecins, et non juristes, nous savions aussi qu'à quelques distances il y avait aussi des corps séquestrés, incarcérés, torturés, exécutés, en violation des règles les plus élémentaires des droits de l'homme. Nos amis des associations de défense des libertés fondamentales ont fait beaucoup pour les prisonniers d'opinion. Je les salue chaleureusement. L'action humanitaire a montré que la présence physique auprès des victimes est indispensable. L'urgence commandait nos actions. Elle se définissait en termes simples: à défaut d'une assistance extérieure, les victimes étaient condamnées à mourir ou à subir des handicaps irréparables. Nous nous engagions à agir impartialement car il n'y a pas de bons et de mauvais morts, des blessés de gauche ou des blessés de droite. Comment ne pas saluer une démarche analogue des avocats. Il va de soi que le droit à un médecin, c'est à dire à une assistance médicale, n'est pas supérieur au droit à un avocat, c'est à dire à une assistance judiciaire. L'un et l'autre forment le minimum exigible de toute société humaine et humaniste. Il n'est pas de droits du corps qui ne soient tributaires des droits de l'esprit. L'être humain est indivisible. Défendre les droits de l'homme ne saurait opposer les droits civils et politiques aux droits économiques sociaux et culturels, comme on le fit hélas trop souvent, bafouant les premiers au nom des seconds. Le fondateur de

Médecins Sans Frontières et de Médecins du Monde que je suis accueille avec enthousiasme et chaleur la fondation d'"Avocats sans frontière" corollaire indispensable de ses associations aînées. Il souhaite plein succès à cette cadette dont les charges seront lourdes mais combien exaltantes.

Permettez-moi, ensuite de m'adresser à vous en ma qualité de membre d'un gouvernement qui a oeuvré, depuis quatre ans, aux Nations Unies, comme sur les différents terrains de la détresse, pour le "droit d'assistance humanitaire". Il ne suffit pas que sauveteurs de la santé ou auxiliaires de la justice soient disponibles, prêts à partir à la moindre alerte. Encore faut-il qu'ils puissent accéder au patient ou au justiciable.

On nous a attribué un "droit d'ingérence" humanitaire. Je préfère le qualifier de "droit d'assistance". Il sera aussi bien humanitaire que judiciaire. Il supposera que les frontières ne soient plus des remparts à l'abri desquels les tyrannies s'exerceront comme prérogatives souveraines. Le paragraphe 3 de votre résolution met l'accent sur la difficulté majeure à la solution de laquelle nous devrons conjuguer nos efforts: *le principe de libre accès aux victimes*. Il est intolérable que les États se considèrent comme propriétaires des souffrances qu'ils administrent ou qu'ils génèrent. Nous sommes respectueux des souverainetés et des compétences judiciaires de chaque État. D'autant plus qu'elles assurent le bonheur de leur peuple. Nous exigeons seulement qu'elles s'exercent de manière plus humanitaire et donc plus humaine. Un gouvernement qui n'a rien à cacher ne saurait soustraire une victime au stéthoscope d'un médecin ou un justiciable au conseil d'un avocat appelé. Nos démarches reposent sur un principe de subsidiarité. C'est seulement après un vain épuisement des sollicitations nationales que l'assistance externe doit être offerte. De grâce faisons en sorte qu'elle ne soit plus jamais considérée comme une intrusion illicite dans les affaires intérieures des États.

L'individu doit désormais figurer au patrimoine commun de l'humanité. Vous participerez avec nous à sa sauvegarde. Je vous en félicite vivement et mes voeux chaleureux vous accompagnent.

Bernard KOUCHNER

XM/RL/Dos.Princ. 461 "Avocats sans frontières"

Les barreaux soussignés

vu les articles 10 et 11 de la déclaration universelle des droits de l'homme

rappelant la mission du barreau et plus précisément que le rôle de l'avocat se justifie partout où le droit de défense doit s'exercer

rappelant que l'avocat exerce sa mission librement en faveur de celui qui recourt à lui

rappelant que la profession d'avocat se caractérise par la mission qui lui est impartie de contribuer, de manière indispensable, à l'administration de la justice

considérant qu'il faut encourager la coopération internationale lorsqu'elle est nécessaire pour résoudre les problèmes d'ordre juridique ou judiciaire, en développant ou en encourageant le respect des droits de l'homme et des libertés fondamentales pour tous, sans distinction de race, de sexe, de langue ou de religion

réaffirmant le principe sacré de l'état de droit

préoccupé par le sort des victimes de violation des droits de l'homme ou de leurs droits politiques et de situations d'urgence du même ordre

considérant que le fait de laisser les victimes de telles situations sans assistance juridique ou judiciaire représente une atteinte à la dignité de l'homme souhaitant vivement que les barreaux puissent répondre rapidement et efficacement aux besoins d'assistance juridique et judiciaire exprimés par les personnes concercées ou dénoncées par l'opinion publique

considérant qu'à côté de l'action des barreaux directement concernés localement, la rapidité et l'efficacité d'une assistance juridique et judiciaire reposent souvent sur le concours et l'aide de barreaux extérieurs agissant de façon impartiale dans un but strictement humanitaire

1. confirment le droit et le devoir d'assistance des avocats dans le cadre de la mission traditionnelle du barreau

2. décident d'organiser en commun, chaque fois que les circonstances l'exigent pour la défense des droits de l'homme ou des droits politiques ou dans toute situation d'urgence du même ordre l'assistance des personnes mises en cause en quelque pays que ce ce soit

3. prient instamment les états concernés de faciliter l'exécution de ce qui précède.

B LE SOIR ● VENDREDI 24 JANVIER 1992 **INFORMATIONS GÉNÉRALES · SOCIÉTÉ**

MAUVAIS TEMPS

Il neige à Perpignan !

…rtantes chutes de neige …ovoqué en Pyrénées-Orien… le déclenchement du plan … L'épaisseur de la couche …ait cinquante centimètres …plaine du Roussillon et un …vingt sur les contreforts du …u. La circulation routière a …avement perturbée; des …ont été bloqués en gare de …re et le trafic aérien a été …mpu.

…le 150.000 personnes ont …ivées d'électricité. À Perpi… ville la plus méridionale et …es plus chaudes de France, …s tapis de neige ébahit les …ins…

…andes, le Gers et les Pyré… Atlantiques sont pareille… victimes du réveil de l'hiver. (AFP)

FAROUK

Séquestre des biens familiaux

…uce italienne a placé sous …stre l'ensemble des biens …ne du petit Farouk, sept ans, …t de nationalité belge mais …ne pakistanaise enlevé en …igne. Le juge a signé la me… prévue par la législation ita… pour éviter les tractations …parents de l'otage et ravis… sur le paiement d'une ran… …algré diverses hypothèses …es connexions étrangères, …abiniers suivent la piste de …s retranchés au coeur de (AFP)

ENQUÊTE

Ferry de Livourne : …cos d'explosif

Meurtre d'un pompiste aux assises du Brabant

L'annonce faite à Carine dans un café

Le procès « étiré » de Daniel Ecker et Albert Motheu, accusés de vol avec circonstance de meurtre sur la personne du pompiste de la station Seca le 31 juillet 1986, n'échappe pas à une règle commune. Souvent, au cœur de ces drames humains souvent sordides, se dresse un personnage de femme extraordinaire. C'est tantôt la Violaine de Claudel, tantôt, plus simple, la Violette de Jean Siegrid. Dans ce roman noir de la bande du Mac Ewans, elle s'appelle Carine. Carine est la compagne de l'accusé Daniel Ecker. Dans cinq mois, elle lui donnera un enfant. Carine est revenue à la barre avec le fol espoir de sauver son nouveau foyer en apportant « la » grande nouvelle qui serait la révélation du procès et offrirait un bon de sortie à son Daniel.

Ceux qui ont fait le coup n'étaient point deux, ils étaient cinq.

Carine énumère leur nom. Ce sont les acteurs-témoins déjà entendus à l'audience. Parmi eux, Albert Motheu, puis encore le fils d'un truand notoire et sa petite amie, sans compter les deux voleurs de la voiture. Et d'où tient-elle cette information ? D'une révélation faite par la mère du jeune voleur de voiture, mercredi soir, dans un café de la rue de la Régence où les acteurs de cette pénible comédie ont joué les prolongations en compagnie de l'accusé Ecker, rendu à sa liberté depuis l'ouverture du procès.

On vérifiera, et si on n'ira pas jusqu'à procéder à une nouvelle confrontation générale des témoins directs du drame avec de nouveaux suspects hypothétiques (ce qui a été refusé par arrêt après de nouvelles conclusions de Me Emmanuel Leclercq) on fera tout de même revenir la maman du jeune Luc Carels à la barre. Le président Jean-Pierre Collin n'aura vraiment rien refusé qui puisse conduire à la manifestation de la vérité.

Hélas pour le premier accusé : ce virage à la corde connaît déjà son premier accident, et il est de taille. Jeudi soir, peu avant 19 heures, dans la fatigue générale, la Cour et les jurés ont encore entendu un des célèbres frères Hank… Pascal Hank a commis des vols jadis, en compagnie de Daniel Ec…ker, et ils se sont retrouvés en…semble en prison après les faits… au mois de mai de l'année derniè…re. Ce « pote ex-taulard » produ… curieusement, lui aussi, la versio… des « cinq participants ». Mais … s'embrouille d'abord dans sa liste… y incluant le nom de l'ami qu'… prétend aider et auquel il lanc… des œillades débiles. Il parle d… 16 juillet 1986. Pas de bol : le… drame a eu lieu le 31 juillet 1986… Son témoignage vraiment bidon… et bâclé s'est planté dans le dé…cor.

Ce qui ne signifie pas que les… Catrels n'en sachent pas davanta…ge. Le président avait déjà eu ce… *sentiment. Ils pourraient être la…* « surprise » de cette fin de pro…cès. Sans cela, on voguera en… réquisitoires et plaidoiries su… l'Océan du doute.

GUIDO VAN DAMME

Des avocats de Bruxelles créent « Avocats sans frontières »

Des voix pour ceux que l'on fait taire

Il y a deux sortes d'hommes dans le monde, explique Me Pierre Legros, citant Kipling. *Ceux qui restent chez eux et les autres.* Des avocats ont décidé de troquer l'attaché-case contre la valise et de sortir de leurs habitudes. « Avocats sans frontières » est né, officiellement ce vendredi au cours d'une cérémonie présidée par Me Xavier Magnée, bâtonnier de Bruxelles. Inspiré de la philosophie de « Médecins sans frontières », « Avocats sans frontières » se propose d'intervenir partout où les avocats se retrouvent placés dans des situations les empêchant de plaider en toute liberté. *Il n'est plus possible*, estime l'association, *d'abandonner sans défense juridique les victimes des violations des droits de l'homme.*

L'initiative est née de Me Pacere, bâtonnier au Burkina-Fasso, mais sa concrétisation est l'œuvre de l'Ordre francophone du barreau de Bruxelles. Ses fondateurs veulent mettre en route une structure qui permettra l'envoi d'avocats *indépendants et compétents dans le monde entier pour réaffirmer le principe sacré du respect des droits de la défense.* Un principe bafoué à l'étranger seulement ? Pas question de se poser en donneurs de leçon, précise Me Pierre Legros. *Nous répondrons à des appels des avocats sur place et nous envisageons bien sûr aussi ce mouvement en sens inverse.* Une prudence qu'exprime aussi Bernard Kouchner, secrétaire d'État français à l'action humanitaire dans son message à la nouvelle association : *Nos démarches reposent sur un principe de subsidiarité. C'est seulement après un vain épuisement des sollicitations nationales que l'assistance externe doit être offerte.*

Ce recours à un avocat « étranger » s'est déjà produit lors de la guerre d'Algérie. Des avocats belges, dont Serge Moureaux, ont assuré la défense des militants (les Français disaient les « terroristes ») du FNL. Les rapports tant d'Amnesty que de la Fédération internationale des droits de l'homme constitueront sans doute les étapes obligées d'« Avocats sans frontières »

Il y a trente ans, constate Me Pierre Legros, les avocats protestaient contre la violation des droits de l'homme par l'intermédiaire de pétitions. Puis on a vu, dans les années 70-80, des « observateurs judiciaires » se déplacer, à la demande de la Ligue des droits de l'homme. *Nous entrons à présent dans l'ère de la solidarité active.*

« Avocats sans frontières » s'attend bien sûr à être confrontée à des problèmes de langue, de procédure et plus fondamentalement à des difficultés d'accès aux victimes. *Un gouvernement qui n'a rien à cacher ne saurait soustraire une victime au stéthoscope d'un médecin ou un justiciable au conseil d'un avocat appelé*, écrit Bernard Kouchner. *Si on nous empêche de voir la victime, nous ferons tout pour le faire savoir*, conclut Pierre Legros.

M. Vdm

Trois cents oiseaux rares et des wallabies saisis

Trafic de kangourous vers la France

Près de 300 oiseaux et un couple de wallabies, ces petits kangourous d'Australie, entassés dans une fourgonnette : cette « saisie exceptionnelle » des douaniers à la frontière franco-belge a permis de mettre au jour un réseau de contrebande d'animaux protégés. *Nous avons affaire à un grossiste*, estime Sylvain Muhr, …

entrer dans des cages artisanales. Les grandes grues couronnées, originaires d'Afrique, avaient les pointes des ailes en sang. Les plus fragiles, une dizaine de canards d'espèces rares qui ont dû être capturés pour la contrebande, sont morts à leur arrivée au zoo.

Le directeur du zoo est particuliè… *…tre dans une couveuse et le nourrir au biberon. Sinon…*, explique-t-il.

Les animaux étaient destinés à un commanditaire de Béthune (Pas-de-Calais). Une perquisition à son domicile, dimanche matin, a permis de mettre la main sur 69 autres oiseaux, également d'espèces protégées, a indiqué le doua…

Les douaniers suisses avaient abattu le braqueur belge

Cavale folle sanctionnée par 30 mois

Le tribunal correctionnel de Dinant a condamné mercredi un Limbourgeois de 37 ans, Romueld Rahoens, à trente mois de prison ferme. L'intéressé a été condamné, par défaut, par le tribunal correctionnel de Dinant, en mai 1989, à trois ans de prison ferme pour deux hold-up à main armée.

… di de la France, non sans commettre durant leur voyage un nouvel « arrêt-hold-up » dans une station-service.

Le duo s'engage peu après dans la Légion étrangère où il effectue un court séjour avant de se séparer. Accompagné d'un autre compagnon de rencontre, Rahoens tente de passer clandestinement … à Genève, il purge deux ans et demi de prison avant d'être expulsé.

De retour en Belgique, il fait opposition au jugement intervenu à Dinant. Le tribunal de Dinant a ramené sa peine à 30 mois de prison ferme. Les audiences du tribunal correctionnel de Dinant ont permis de compléter la liste des ex…

AVOCATS SANS FRONTIERES

BRUXELLES, VENDREDI 24 JANVIER 1992

EMISSION : V.T.M. – R.T.B.F.

AVOCATS SANS FRONTIERES

Extrait du journal télévisé.

Brusel / Verslag / Boudewijn Van Spilbeeck

Interview : Avocat (Meester Carl Bevernage) Stafhouder
Brusel Nederlands

En neerlandais

INTERVENTION D'UN AVOCAT :

Tout seul fait d'être témoin constitue déjà un progrès du droit parce qu'il n'y a plus beaucoup de dictatures qui osent dire qu'elles méprisent le droit.

IMAGES DE PRISONNIERS

INTERVIEW MAITRE PACERE :

Nous avons pensé qu'il était bon que des Avocats extérieurs, bénévoles, de chevaliers au service du droit puissent apporter leur concours aux Avocats internes afin que la Justice soit celle qui est attendue par les hommes.

JOURNAL TELEVISE (PRESENTATION)

Sur ce plateau, il y a une semaine, à côté d'associations comme Médecins sans Frontières, on a donc vu créer une nouvelle association internationale baptisée celle-ci : Avocats Sans Frontières.

Son but, offrir là où c'est possible une assistance juridique à ceux qui, dans le monde, sont victimes de violation des droits de l'homme.

Le Barreau de Bruxelles a été l'une des chevilles ouvrières de cette association. C'est à Bruxelles que Avocats Sans Frontières a été lancé ce matin.

Benoît MOULIN, journaliste reporter :

Le Droit de la défense est aussi un droit fondamental de l'homme. Depuis plusieurs années, les Barreaux de Paris et de Bruxelles alertés par des Confrères Africains souvent en danger entendaient initier une opération telle que Médecins sans Frontières.

Initiateur du projet, Maître PACERE a connu prison et sévices, sa liberté, il la doit à l'intervention d'Avocats Français et Belges.*

Maître PACERE n'avait depuis qu'un souhait, que partout où il est bafoué, le droit puisse marquer des points.

Maître PACERE : On a créé chez moi des juridictions en interdisant à l'Avocat de plaider. On a créé des juridictions avec souvent des lois pénales. On renverse la charge de la preuve et qui est rétroactive, autrement dit, ceux qui agissent ainsi connaissent la loi ou les droits de l'homme mais décident délibérément de les violer et à partir de là, l'Avocat également délibérément doit accepter d'entrer sur le terrain et de se battre pour sauver les hommes et sauver peut-être souvent même son propre Confrère parce que, comme je vous l'ai dit, il y a des Avocats emprisonnés pour lesquels on a refusé à ce qu'ils prennent des Avocats. Je signale que quand je devais être suspendu, on m'a interdit de prendre plus d'un Avocat.

Benoît MOULIN : Avocats Sans Frontières rassemble tous les Barreaux de tous les pays de tradition juridique commune. Il compte sur leur souplesse d'action pour être partout où il faut.

INTERVIEW BATONNIER XAVIER MAGNEE

Songez qu'il suffit de prendre un avion, d'envoyer là-bas un Avocat qui fait du bruit, qui demande à être reçu par le Procureur Général ou par le Ministre de la Justice et qui sollicite simplement le droit d'être présent à la barre et de pouvoir plaider en étant entendu et en disant librement ce qu'il a à dire. C'est une demande qui ne demande pas un support financier extraordinaire ; ça, nous pouvons le réaliser partout dans le monde, et même si on n'est pas reçu, si on n'obtient pas le visa, si on n'est pas admis dans le Palais de Justice, le bruit qu'on peut faire, ça jette un éclairage formidable sur les forfaitures qui peuvent se commettre et empêcher les forfaitures.

Journaliste : Monsieur le Bâtonnier, une association comme Avocats Sans Frontières, est-ce que ça n'a pas un côté, je reprends les termes du Bâtonnier de Paris, est-ce que c'est pas une initiative un peu naïve ?

Bâtonnier MAGNEE : Le Bâtonnier de Paris a bien fait de dire que nous devions être réalistes, mais cela n'a rien de naïf si nous devons comparer notre action avec celle de Médecins Sans Frontières, je dirai que notre tâche est peut-être plus simple au plan matériel ....

Journaliste : Parce qu'il y a de moins en moins de dictatures qui osent dire leur nom.

Bâtonnier MAGNEE : Elles ne disent pas leur nom, mais il y a toujours autant de dictatures et il suffit de voir la carte de l'Asie, la carte de l'Amérique du Sud, la carte de l'Afrique, bref la carte du monde entier sauf celle de l'Europe et peut-être celle de l'Amérique du Nord, pour se rendre compte qu'il y a beaucoup de travail à faire.

Journaliste : Je me fais un peut l'Avocat du diable si vous me le permettez, est-ce que ce n'est pas ....

Bâtonnier MAGNEE : Cher Confrère et rire.

Journaliste : On pourrait déceler derrière cela une volonté d'imposer un certain ordre au monde.

Bâtonnier MAGNEE : Je crois que nous avons trop longtemps voulu imposer notre ordre effectivement. Le bon temps des colonies est très loin et je crois que nous avons eu tort de vouloir imposer à l'Afrique par exemple l'image de l'Occidental, de l'Européen et de l'homme blanc. Et il est grand temps de reconnaître les ethnies, de reconnaître les cultures, de recommencer à zéro, en partant par les populations elles-mêmes et en ayant bien à l'esprit le génie réel qu'elles ont.

Journaliste : Et dans ce cas là, l'action d'un Avocat par exemple Belge ou Français dans ces pays là, de quelle manière va-t-elle se faire ?

Bâtonnier MAGNEE : Elle doit se faire en respectant les cultures locales, mais la procédure qui demande que les gens soient libres lorsqu'ils ne sont pas déclarés coupables de quelque chose, celle-là est planétaire Monsieur et je crois que nous pourrons la faire respecter comme toutes les cultures l'admettent.

Journaliste : Alors Maître PACERE, la première question que j'aurais voulu vous poser c'est d'abord de nous décrire au fond qu'elle a été votre situation personnelle en tant qu'Avocat et qui vous a conduit finalement à essayer de promouvoir cette association : Avocats Sans Frontières.

Me PACERE : Il y a eu beaucoup de phénomènes qui se sont posés à moi, à mon propre niveau ; mon pays sous la Révolution a supprimé les Notaires, les Huissiers, les Commissaires priseurs et avait décidé de supprimer la profession d'Avocat. Je me suis révolté, j'ai même été suspendu pour un an ; les Avocats de mon pays se sont révoltés et m'ont soutenu et ont grevé pendant six mois. Mais pour rejoindre la question que vous m'avez posé, il y a eu une pression de la scène internationale, pression de la part des Avocats, il y a même eu des Bâtonniers qui se sont déplacés jusqu'au Burkina Faso, pression de la part de tous les juristes. Au terme de tout cela, j'ai fini comme on le dirait mon calvaire, mais je me suis aperçu que l'intervention extérieure est toujours nécessaire en matière de violation des droits de l'homme, des droits de la défense parce que souvent les organes internes peuvent être paralysés où il peut être dangereux pour les Avocats internes uniquement d'agir et d'agir seuls. A cela est venu se greffer une autre réalité que j'ai connu ; les amis Confrères du Bénin, parce que une quinzaine de citoyens avaient été traduite devant la Cour Spéciale et encouraient la peine de mort pour atteinte à la sûreté de l'Etat. La profession, l'exercice de la profession souvent contre les dictatures de nos Etats, l'exercice est assez difficile et j'allais même dire dangereux. Par contre si un Avocat externe pouvait venir et intervenir, cela pourrait faire réfléchir les régimes et en définitive, il pourrait devenir une sorte de couverture pour les Confrères internes ; c'est ainsi que j'ai été assurer la défense aux côtés de mes Confrères du Bénin et au terme de nos plaidoiries, sur les 15, 9 ont été libérés et 6 ont été libérés ultérieurement.

C'est dire quoi, il est nécessaire, face à des violations graves de droits de la défense, de droits de l'homme, où souvent même il est interdit à l'homme d'avoir un Avocat, il est nécessaire que des Avocats externes puissent s'organiser et en nombre et en bénévolat pour intervenir.

Une autre idée qui m'était venue et cela sur ce que j'ai eu à vous dire tout à l'heure, un Confrère étranger m'a dit qu'il est chef d'un cabinet de 40 Avocats et que, étant chef de ce cabinet, il pouvait même un an, s'absenter de son cabinet, que le cabinet continuerait de fonctionner et alors, il me disait que si l'Ordre des Avocats sans Frontières était né, lui pouvait et à ses frais et à sa charge, aller partout où l'Ordre voudrait l'envoyer pour imposer les droits de la défense et assurer la défense.

ANNEXE G

MALAISES DES ORIGINES DE L'ASSOCIATION « AVOCATS SANS FRONTIERE »

- 1°) Lettre du Bâtonnier Mario Stasi de Paris en date du 4 Février 1992 au Bâtonnier Henri Grondin (Québec) , Président de l'U.I.A.

- 2°) Lettre du Bâtonnier Mario STASI de Paris en date du 14 Avril 1992, au Bâtonnier Xavier MAGNEE de l'Ordre Français des Avocats du Barreau de Bruxelles.

- 3°) « AVOCATS SANS FRONTIERES » (Naissance d' AVOCATS SANS FRONTIERES »).

Document envoyé au Bâtonnier PACERE sur les Origines de Avocats Sans Frontières selon la version diffusée du Barreau de Belgique dans le monde ; il y est effacé, tous les efforts du Bâtonnier Pacéré, du Bâtonnier Mario Stasi et tous éléments des démarches et des travaux qui ont conduit à la création de Avocats Sans Frontière.

- 4°) Lettre du Bâtonnier Pierre LEGROS, Dauphin de l'Ordre, Secrétaire Général de l'A.S.F. Réf. PL/CW/D.PRINC. 465 , en date du 30 Mars 1992 envoyée au Bâtonnier PACERE, spécifiant dépôt des Statuts de « l'asbl AVOCATS SANS FRONTIERES » et lui transmettant copie des dits statuts.

- 5°) Statuts de l'Association portant dénomination (article 1) « AVOCATS SANS FRONTIERES, en abréviation A.S.F.).

Des Membres de l'Association (Titre II des Statuts) et des Membres d'Honneur, le Bâtonnier PACERE vient en 3ème position (il n'est nulle part allusion de « PRESIDENT » qu'on lui a promis de manière la plus officielle ; ce poste n'est même pas prévu) ; de ces Membres d'Honneur , les noms des Bâtonniers Mario Stasi de la C.I.B. et Henri Grondin, Président de l' U.I.A. des grandes actions et artisans pour cette création de AVOCATS Sans Frontière, ne figurent nulle part.

- 6°) Lettre du Bâtonnier Mario STASI de Paris au Bâtonnier PACERE (22 juillet 1992) sur le malaise des suites du lancement de Avocats Sans Frontière.

- 7°) Lettre du Bâtonnier PACERE au Bâtonnier Pierre LEGROS en date du 21 Juillet 1992 portant réclamation de son texte du Discours de Lancement de Avocats Sans Frontière, texte de discours qu'il lui avait remis à lui, Bâtonnier Pierre LEGROS sur sa demande pour saisie par le Secrétariat de l'Ordre des Avocats du Barreau Français de Bruxelles ; cette lettre fait référence à plusieurs autres lettres antérieures de relance restées infructueuses.

- 8°) Lettre de Me Alain OTTAN Avocat, Montpellier et du Professeur Dominique ROUSSEAU, Université de Montpellier au Bâtonnier PACERE, en date du 30 Janvier 1992 sur « Avocats et Juristes Sans Frontières » et relations éventuelles avec « Avocats Sans Frontière ».

- 9°) Lettre du Bâtonnier Mario STASI de Paris en date du 14 Avril 1992, au Bâtonnier PACERE, lui transmettant des copies de correspondances diverses adressées à des Personnalités et Confrères dans le cadre des relations, entre « AVOCATS SANS FRONTIERE », et « AVOCATS ET JUSRISTES SANS FRONTIERES ».

FARTHOUAT, STASI & ASSELINEAU
Avocats à la Cour
16 Ter Avenue Bosquet
75007 PARIS

Vincent ASSELINEAU
Jean-René FARTHOUAT
Ancien Membre du Conseil de l'Ordre
Mario STASI
Ancien Bâtonnier de l'Ordre
Avocats à la Cour Associés

Zino ADJAS
Antoine CHATAIN
Dominique DUPAU
Jean-Christophe MAYMAT
Françoise POLACK
Avocats à la Cour

Téléphone : (1) 45.55.75.05
Télécopieur : (1) 45.55.29.79
Télex : CARPA 260.953 F

Paris, le 4 février 1992

Monsieur le Président
Henri GRONDIN
U.I.A.
103, Avenue Charles de Gaulle
92200 NEUILLY

U.I.A.
NR. MS/mcj

Mon Cher Henri,

Notre ami Georges FLECHEUX m'a dit combien tu continuais à être ému par l'initiative prise par le Barreau de BRUXELLES qui semble écarter l'U.I.A. de l'organisation des Avocats sans frontière.

Je pense utile de te rappeler les termes de notre entretien à BARCELONE.

C'est à partir du Congrès de l'U.I.A. à MEXICO que notre ami Frédéric TITINGA PACERE a adressé une série de lettres concernant la mise sur pied du service "Avocats sans frontière".

Cette idée faisait suite à l'adoption de la CONVENTION INTERNATIONALE DE SAUVEGARDE DES DROITS DE LA DEFENSE signée à PARIS lors de la Rentrée de la Conférence 1986 et qui, avec la Charte de l'U.I.A. sur les Droits de la Défense, avait servi de base à l'élaboration de la motion sur le rôle des Barreaux telle qu'adoptée par l'Assemblée Générale des Nations Unies en décembre 1990.

Il est exact que lors de la réunion d'un Bureau de l'U.I.A. ce problème avait été évoqué que nous avions souhaité les uns et les autres qu'il soit réglé dans le cadre de notre Union, la mieux apte à mon sens à organiser un tel service en centralisant les offres et les demandes.

FARTHOUAT, STASI & ASSELINEAU
Avocats à la Cour
16 Ter Avenue Bosquet
75007 PARIS

C'est dans ce sens que je suis intervenu moi-même à YAOUNDE au moment de la CONFERENCE DES BARREAUX FRANCOPHONES. Je t'ai d'ailleurs adressé le texte du discours que j'y ai prononcé ; pour le cas où tu n'en aurais pas gardé copie, je te le communique à nouveau.

A l'issue de cette réunion, une résolution avait été prise dans le sens que nous souhaitions. Je pense, en effet, que l'U.I.A. doit être l'organisme centralisateur et qu'il doit s'appuyer sur des organisations régionales pour les réalisations pratiques. La C.I.B. pouvait être cette organisation régionale dans le cadre de l'Afrique.

Présent à la réunion de YAOUNDE, Monsieur le Bâtonnier MAGNEE de BRUXELLES a eu l'idée de donner à ce projet un essor particulier à l'occasion de la Rentrée de son Barreau.

Pour ma part, je ne voyais pas comment m'y opposer, pensant qu'effectivement cela devait se faire avec le plus de publicité, mais étant assuré que le projet serait placé dans le cadre général d'une intervention de l'UNION INTERNATIONALE DES AVOCATS.

Je n'ai malheureusement pas pu me rendre à BRUXELLES étant moi-même à BARCELONE comme tu as pu le constater au jour de l'inauguration de cette nouvelle forme d'action pour les Avocats.

Il y a lieu de regretter qu'effectivement, l'accent n'ait pas été porté à cette occasion sur le rôle que devait impérativement jouer l'U.I.A. pour la réussite de ce projet.

C'est pourquoi, je pense qu'il y a lieu maintenant de ta part à une démarche auprès de Frédéric PACERE comme sans doute du Bâtonnier de BRUXELLES en ce sens que je me permets de te suggérer.

Tu pourrais, par une lettre adressée au Bâtonnier PACERE, lui dire que tu as enregistré avec satisfaction l'intérêt que suscitait le projet tel qu'il avait été évoqué après le Congrès de MEXICO et qui avait été repris sur son initative lors de la dernière réunion du Bureau de l'U.I.A.

FARTHOUAT, STASI & ASSELINEAU
Avocats à la Cour
16 Ter Avenue Bosquet
75007 PARIS

Tu pourrais également lui dire que tu as peut-être regretté qu'au cours de la cérémonie de BRUXELLES n'ait pas été souligné le fait que cette initiative s'inscrivait effectivement dans le cadre de l'action générale de l'U.I.A. telle que nous l'avions décidée en commun.

Qu'en tout état de cause, tu pensais qu'il était inopportun que soit créée une nouvelle institution internationale alors qu'il rentre dans le cadre de la mission de l'U.I.A. telle que nous l'avions admise les uns et les autres d'assumer cette mission particulière d'Avocats sans frontière.

Tu pourrais inviter, en conséquence, le Bâtonnier PACERE qui serait bien évidemment le Président de cette Commission intérieure de l'U.I.A., à se mettre en rapport avec moi pour que nous voyons dans quelles conditions nous pourrions mettre sur pied de façon définitive ce projet.

Au Bâtonnier de BRUXELLES, tu pourrais enregistrer avec satisfaction la concrétisation du projet qui avait été élaboré au cours d'une réunion du Bureau de l'U.I.A. sur le rapport qu'en avait fait le Bâtonnier PACERE et sur les observations que j'en avais fait moi-même.

Tu pourrais lui dire que tu avais été d'ailleurs informé de l'intervention que j'avais faite à YAOUNDE où j'avais repris en l'absence du Bâtonnier PACERE cette idée en indiquant qu'elle devait être concrétisée par une action coordonnée par l'U.I.A. et reprise localement par les organisations régionales d'Avocats.

Il serait peut-être opportun que tu dises que tu déplores que l'U.I.A. n'était pas davantage mentionnée dans les discours qui ont été faits à BRUXELLES, mais tu pourrais souligner utilement que cette institution particulière qui pourrait garder son siège à BRUXELLES, puisque cela semble convenir au Barreau de BRUXELLES, devrait bénéficier de toutes les facilités qu'offre l'U.I.A., ce qui permettrait d'alléger ou d'éviter-même les charges afférentes à la création d'un service nouveau.

Je me permets d'adresser un double de cette lettre que je t'envoie à Monsieur le Bâtonnier Georges FLECHEUX qui m'avait dit également être en harmonie de points de vue et son souci de ne pas voir engager de nouvelles dépenses qui nuiraient à l'ensemble des actions qui doivent être menées sur le plan international par les Avocats et plus particulièrement par l'U.I.A.

FARTHOUAT, STASI & ASSELINEAU
Avocats à la Cour
16 Ter Avenue Bosquet
75007 PARIS

J'écris également au Bâtonnier PACERE une lettre qu'à titre confidentiel, je t'adresse.

Restant à ton entière disposition,

Je te prie de croire, Mon Cher Henri, en l'assurance de mes sentiments bien amiclement dévoués.

Bâtonnier Mario STASI.

ORDRE DES AVOCATS
A LA
COUR DE PARIS

Paris, le 14 avril 1992

Monsieur le Bâtonnier Xavier MAGNEE
Ordre Français des Avocats
au Barreau de Bruxelles
Palais de Justice
1000 BRUXELLES
BELGIQUE

MS/SF
REF. AVOCATS SANS FRONTIERE

Mon Cher Bâtonnier,

Avec quelque retard, je te redis mes félicitations pour l'initiative concernant la création du mouvement "Avocats sans Frontière", officiellement lancé à l'occasion de la rentrée de la Conférence de ton jeune Barreau.

Nous en étions effectivement convenus lors de notre réunion de la C.I.B. au Cameroun, à la suite de la démarche initiale du Bâtonnier Frédéric Titinga PACERE dans le cadre du Congrès de l'U.I.A. de Mexico.

Il reste maintenant à mettre en oeuvre de façon pratique cette initiative et je me tiens bien évidemment à ton entière disposition à cet effet.

Il n'est pas inutile de rappeler qu'à la suite du Congrès de Mexico, et de la lettre adressée à de nombreux Bâtonniers par notre ami Frédéric Titinga PACERE, Monsieur le président Henri GRONDIN avait, dans le cadre des projets de l'U.I.A., suggéré la création d'une équipe de réflexion autour du Bâtonnier Frédéric Titinga PACERE et à laquelle il m'avait fait l'honneur de me demander de participer.

C'est dans ce cadre que j'avais évoqué ce problème lors de mon discours de Yaoundé.

Il m'apparaît tout à fait opportun et utile que le Barreau de Bruxelles ait pris l'initiative d'un lancement officiel de l'opération sous son égide et sous ton impulsion, comme sous celle de ton successeur, Monsieur le Bâtonnier LEGROS.

Toutefois, je me pose la question de savoir si il ne serait pas opportun, pour faciliter la mise en oeuvre du projet, d'y associer activement l'U.I.A. qui en était en quelque sorte l'inspiratrice.

Autant il est indispensable qu'il y ait un endroit où soit centralisée l'organisation d'ensemble de ce nouveau mouvement, autant il me paraît utile pour alléger la charge de cette structure centrale, d'utiliser des relais régionaux, auxquels l'U.I.A. est à même d'accéder de façon particulièrement aisée, compte tenu de son caractère réellement universel.

En effet, l'envoi d'avocats étrangers dans un pays où leur concours serait nécessaire serait facilité par la proximité régionale qui aiderait aussi à la compréhension des problèmes spécifiques auxquels ils auraient à faire face.

Je prends l'exemple de la C.I.B., plus particulièrement axée vers les problèmes africains et j'évoque la solidarité indiscutable qui existe entre les avocats des différents pays, région par région.

Cela s'est d'ailleurs manifesté sous ton impulsion, lors de la visite que j'ai pu faire au Rwanda aux côtés du Bâtonnier SENE du Sénégal.

De la même façon, une solution régionale pourrait être trouvée en Afrique anglophone, ou dans la corne de l'Afrique, dans les pays du Moyen-Orient, en Amérique latine ou en Asie du Sud Est où de semblables problèmes se posent constamment.

Par ailleurs, il n'est pas sans intérêt de noter que vient de se créer simultanément, le 4 avril à Montpellier, une association dont tu trouveras ci-joint les statuts et qui correspond au même objet.

Je suis chargé par Monsieur le Bâtonnier de Paris de répondre à cette initiative. J'aimerais pour ce qui me concerne éviter une rivalité en tous points stérile et nuisible au but poursuivi en commun.

Je serais à ce sujet particulièrement désireux de connaître ton sentiment.

Dans l'attente de ta réponse, t'informant que je me permets d'adresser copie de cette lettre au Président Henri GRONDIN et au Bâtonnier Frédéric Titinga PACERE, je te prie de croire, Mon Cher Xavier, en l'assurance de mes sentiments bien amicalement dévoués.

Bâtonnier Mario STASI

C.C. M. le Bâtonnier Titinga PACERE
M. le Président GRONDIN

P.J.

AVOCATS SANS FRONTIERES

I. Naissance d' "Avocats sans Frontières"

La liberté de la défense...

L'idée ne peut qu'être chère à tous ceux qui demeurent convaincus que le droit à une justice équitable constitue un des fondements de l'Etat de droit.

La simple affirmation de ce principe ne suffisait plus face aux réalités quotidiennes de l'arbitraire. Procédures unilatérales ou occultes, avocats muselés voire inexistants, absence de procès, détentions irrégulières, il serait illusoire de vouloir dresser un inventaire exhaustif des atteintes répétées aux droits de la défense.

A une époque où les instances internationales affirment le droit "*d'ingérence humanitaire*", il convenait de mettre en place le droit à l'assistance judiciaire.

Partant de l'idée que l'assistance d'un avocat libre et indépendant contribue incontestablement à promouvoir une justice loyale, il fallait permettre à ce dernier d'intervenir, sans contrainte, chaque fois que la défense des droits de l'homme ou des droits politiques l'exigeait, en tout lieu et pour tous, sans distinction aucune.

La Convention internationale de sauvegarde des droits de la défense souscrite à Paris, le 26 juin 1987, affirmait déjà clairement en son article1 le caractère transnational du droit de défense : *" Tout homme a droit à l'avocat de son choix, quand bien cet avocat serait étranger à l'Etat au nom duquel la justice est administrée"*.

Le 14 janvier 1992, les Bâtonniers des barreaux de Paris, du Sénégal, du Burkina Faso, de Bruxelles français ainsi que des avocats membres des barreaux de Moscou et du Gabon ratifiaient, à Bruxelles, la charte "Avocats sans Frontières", rédigée sous les auspices de la Conférence Internationale des Barreaux de Tradition Juridique Commune et de l'Union Internationale des Avocats.

Dans les mois qui suivirent, cette déclaration fut adoptée par de nombreux barreaux du monde entier.

L'association "Avocats sans Frontières" était née.

Dans son message adressé à l'occasion de la naissance de cette association, Monsieur le Ministre Bernard Kouchner soulignait très exactement la vocation d' "Avocats sans Frontières" :

" Il est intolérable que les Etats se considèrent comme propriétaires des souffrances qu'ils administrent ou qu'ils génèrent. Nous sommes respectueux des souverainetés et des compétences judiciaires de chaque Etat. D'autant plus qu'elles assurent le bonheur de leur peuple. Nous exigeons seulement qu'elles s'exercent de manière plus humanitaire et donc plus humaine. Un gouvernement qui n'a rien à cacher ne saurait soustraire une victime au stéthoscope du médecin ou un justiciable au conseil d'un avocat appelé. Nos démarches reposent sur un principe de subsidiarité. C'est seulement après un vain épuisement des sollicitations nationales que l'assistance externe doit être offerte. De grâce faisons en sorte qu'elle ne soit plus jamais considérée comme une intrusion illicite dans les affaires intérieures des Etats."

II. L'A.S.B.L. Avocats sans Frontières

"Avocats sans Frontières" est constituée sous forme d'une association sans but lucratif, ayant son siège à Bruxelles et sous le patronnage de l'Union Internationale des Avocats.

Conformément à sa vocation internationale, l'A.S.B.L. regroupe des membres du monde entier, qu'il s'agisse de personnes physiques ou morales.

Les barreaux de différents pays représentent la majorité des personnes morales membres de l'association.

Chaque barreau membre est associé directement aux interventions d'"Avocats sans Frontières" et choisit en son sein un avocat plus spécialement chargé des relations avec l'A.S.B.L. ainsi que de la coordination des missions.

D'autre part, les personnes physiques peuvent s'affilier individuellement à "Avocats sans Frontières". Elles seront membres de soutien ou membres actifs, ces derniers étant exclusivement des avocats disposés à effectuer une mission dans le cadre de l'association.

"Avocats sans Frontières" dépend financièrement de ses sympathisants et de ses membres. Leurs dons ou cotisations annuelles lui permettent de disposer des fonds indispensables à l'accomplissement de sa mission.

Les cotisations annuelles sont fixées à 10.000 francs belges pour les membres personnes morales et à 1.000 francs belges pour les membres personnes physiques.

Dans les mois qui ont suivis la naissance d'"Avocats sans Frontières", les demandes d'interventions ont afflués de divers pays. Cette constatation démontre incontestablement l'urgence de la situation.

Faute de moyens financiers suffisants, il ne sera pas possible à l'A.S.B.L. d'intervenir efficacement.

La promotion des dons ou des affiliations constitue donc une étape essentielle dans la mise en oeuvre du projet d'"Avocats sans Frontières".

III. Les missions d'"Avocats sans Frontières"

"Avocats sans Frontières" n'entend pas se substituer aux organisations de défense des droits de l'homme en général. Elle a une mission spécifique à remplir.

Sans pour autant méconnaître l'importance de la reconnaissance de tous les droits de l'homme et droits politiques, l'objectif de l'A.S.B.L. "Avocats sans Frontières" vise plus précisément la promotion du respect des droits de la défense au plan international.

D'une façon pratique, les missions de l'association peuvent être classifiées en trois catégories dont les deux dernières seront privilégiées.

1. Les missions d'observation

Au-delà des cas individuels, les missions d'observation concernent des situations à caractère général mettant en péril le droit à un procès équitable.

Les indices de recours généralisé par un Etat aux procédures arbitraires ou de méconnaissance systématique des droits de la défense pourraient justifier l'envoi sur place d'une mission d'observation constituée d'un ou plusieurs membres de l'association.

Cette délégation déposera un rapport de ses constatations qui, le cas échéant, fera l'objet d'une publicité adéquate.

Ce type de mission n'est cependant pas spécifique d'"Avocats sans Frontières".

2. les missions d'assistance

La simple présence d'un avocat étranger et indépendant aux cotés d'un confrère du barreau local est parfois suffisante pour assurer le respect des droits de la défense.

Ce type de mission consiste donc en une assistance subsidiaire voire passive de l'avocat local afin de permettre à ce dernier de bénéficier de toute la liberté et l'indépendance nécessaires à l'accomplissement de sa tâche.

3. Les missions d'intervention

Il s'agit ici du degré maximum d'assistance dans le cadre duquel le représentant d'"Avocats sans Frontières" prend véritablement la direction de la défense du justiciable.

Une telle mission impliquera généralement que le justiciable ne puisse être défendu par un avocat du barreau local disposant de toutes les garanties nécessaires à la bonne organisation de la défense, en raison de la nature du procès ou de l'attitude de l'Etat concerné.

D'une façon générale, les barreaux locaux, les avocats, les particuliers ou associations ayant connaissance d'une situation mettant les droits de la défense en péril, peuvent solliciter l'intervention d'"Avocats sans Frontières" auprès de n'importe quel barreau ou avocat membre de l'association.

Ces personnes bénéficieront à cette occasion de toutes les garanties qui s'attachent au secret professionnel de l'avocat.

Le délégué du barreau ayant reçu la demande de mission transmet immédiatement celle-ci au secrétariat de Bruxelles en précisant, le cas échéant, quel membre de son barreau serait disposé à accomplir la mission proposée.

Dans la mesure du possible, un avocat du barreau consulté est chargé du dossier.

Sauf modalités différentes, L'A.S.B.L. "Avocats sans Frontières" supporte les frais de déplacement et d'hébergement de l'avocat chargé de la mission.

Les prestations de cet avocat volontaire sont, en règle, effectuées à titre gratuit.

Dès qu'il aura accompli sa mission, le représentant d'"Avocats sans Frontières" rédigera un rapport de son intervention qu'il transmettra au secrétariat de Bruxelles.

Comme on peut le constater, l'organisation des missions repose sur la participation de tous les membres actifs de l'A.S.B.L.

La motivation de chaque barreau membre et de l'ensemble des avocats membres actifs constitue la condition *sine qua non* de l'efficacité d'"Avocats sans Frontières".

L'association "Avocats sans Frontières" est née, il incombe désormais à tous de lui donner les moyens de son action.

ORDRE FRANÇAIS DES AVOCATS DU BARREAU DE BRUXELLES

Palais de Justice
1000 Bruxelles

Monsieur F. PACERE,
Bâtonnier de l'Ordre des avocats
à la cour,
01 BP 1152 OUAGADOUGOU 01
BURKINA FASO
AFRIQUE

Le bâtonnier
PL/CW/D.PRINC. 465

Bruxelles, le 30 mars 1992

(à rappeler s.v.p. sous peine
de renvoi à son expéditeur)

Monsieur le bâtonnier,

Concerne: " avocats sans frontières".
vos réf.: —

J'ai bien reçu votre lettre du 13 mars 1992 et vous en remercie très vivement.

Nous avons déposé les statuts de l'asbl "Avocats sans frontières" très récemment.

Je me permets de vous en adresser sous ce pli une copie.

Je serais particulièrement heureux que votre Ordre soit membre de notre association et que vous invitiez les membres de votre barreau à adhérer également à l'asbl "Avocats sans frontières".

C'est en effet, grâce aux cotisations des membres que nous pourrons envoyer, dans le monde entier, des avocats qui assumeront la défense de ceux qui ne trouvent pas, dans leur pays, des confrères qui peuvent travailler avec toute l'indépendance nécessaire à l'accomplissement de leur mission.

Nous avons déjà envoyé une mission au Rwanda qui a fait un excellent travail.

Il va de soi que si vous étiez averti de l'existence d'un procès qui justifierait l'envoi d'un membre de notre association, nous serions particulièrement attentifs à y réserver une suite utile.

Je vous remercie très vivement d'avance de votre collaboration.

Les cotisations peuvent être versées au compte 630-0227491-85 de l'asbl "Avocats sans frontières" à Bruxelles.

Je vous prie de croire, Monsieur le bâtonnier, à l'expression de ma haute considération.

Pierre Legros,
Dauphin de l'Ordre,
Secrétaire général de A.S.F.

AVOCATS SANS FRONTIERES

Bruxelles.

Statuts.

L'an 1992, le

Il est formé entre les soussignés et les personnes physiques ou morales qui adhéreront au présent statut et rempliront les conditions fixées ci-après, une association sans but lucratif qu'ils déclarent constituer entre eux conformément à la loi du 27 juin 1921.

Monsieur Xavier MAGNEE, avocat, avenue Ducpétiaux, 60 à 1060 Bruxelles

Monsieur Pierre LEGROS, avocat, avenue Louise, 409 bte 1 à 1050 Bruxelles

Monsiuer Carl BEVERNAGE, avocat, rue de Bréderode, 13 à 1000 Bruxelles

Monsieur Erik CARRE, avenue Fr. Roosevelt, 204 à 1050 Bruxelles

I. DENOMINATION SIEGE OBJET DUREE

Article 1

L'association est dénommée "avocats sans frontières" abréviation "A.S.F.".

Article 2

Le siège social est établi à 1000 Bruxelles, palais de justice, place Poelaert.

Le conseil d'administration est compétent pour toute décision de transfert.

Article 3

La conférence internationale des barreaux de tradition juridique commune a voté le 24 janvier 1992 la motion suivante :

Vu les articles 10 et 11 de la déclaration universelle des droits de l'homme;

Vu la déclaration de l'union internationale des avocats sur l'accès à la justice pour tous signée à Morelia le 2 août 1991;

Rappelant la mission du barreau et plus précisément que le rôle de l'avocat se justifie partout où le droit de la défense doit s'exercer;

1

Rappelant que l'avocat exerce sa mission librement en faveur de celui qui recourt à lui;

Rappelant que la profession d'avocat se caractérise par la mission qui lui impartie de contribuer, de manière indispensable, à l'administration de la justice;

Considérant qu'il faut encourager la coopération internationale lorsqu'elle est nécessaire pour résoudre les problèmes d'ordre juridique ou judiciaire, en développant ou en encourageant le respect des droits de l'homme et des libertés fondamentales pour tous, sans distinction de race, de sexe, de langue ou de religion;

Réaffirmant le principe sacré de l'état de droit;

Préoccupé par le sort des victimes de violation des droits de l'homme ou de leurs droits politiques et de situations d'urgences de même ordre;

Considérant que le fait de laisser les victimes de telles situations sans assistance juridique ou judiciaire représente une atteinte à la dignité de l'homme;

Souhaitant vivement que les barreaux puissent répondre rapidement et efficacement aux besoins d'assistance juridique et judiciaire exprimés par les personnes concernées ou dénoncées par l'opinion publique;

Considérant qu'à côté de l'action des barreaux directement concernés localement, la rapidité et l'efficacité d'une assistance juridique et judiciaire reposent souvent sur le concours et l'aide de barreaux extérieurs agissant de façon impartiale dans un but strictement humanitaire;

1. Confirment le droit et le devoir d'assistance des avocats dans le cadre de la mission traditionnelle du barreau;

2. Décident d'organiser en commun, chaque fois que les circonstances l'exigent pour la défense des droits de l'homme ou des droits politiques ou dans toute situation d'urgence du même ordre, l'assistance des personnes mises en cause en quelque pays que ce soit;

3. Prient instamment les états concernés de faciliter l'exécution de ce qui précède;

L'association a pour objet, vu la motion votée le 24 janvier 1992 :

a. de réunir, sans discrimination et sans exclusive, tous les avocats volontaires pour apporter leur assistance pour la défense des droits de l'homme ou des droits politiques ou dans toutes situations d'urgence du même ordre en quelque pays que ce soit;

b. de mobiliser en faveur de ces actions tous les moyens humains et matériels à sa disposition pour leur apporter ces interventions dans les délais les plus brefs, avec l'efficacité, la compétence requise;

c. de rechercher tous les concours nationaux et internationaux propre à permettre à ses membres de remplir leur mission dans toutes les parties du monde où ils peuvent être appelés à servir.

Tout adhérent devra, au moment de son adhésion, déclarer sur l'honneur qu'il a pleine connaissance de la motion votée le 24 janvier [illegible] et prendre l'engagement de la respecter et d'y conformer son comportement pendant toute la durée de son adhésion à l'association.

Article 4

L'année sociale court du 1er janvier au 31 décembre de chaque année. La durée de l'association est illimitée. Elle peut être dissoute en tout temps.

II. MEMBRES DE L'ASSOCIATION

Article 5

L'association se compose de membres associés et de membres d'honneur.

Ont de plein droit la qualité d'associés, les membres fondateurs soussignés. Le nombre minimum des associés est fixé à 3.

Les membres d'honneur sont les personnes physiques et morales susceptibles de rendre des services importants à l'association ou qui ont apporté une aide décisive à la constitution de l'association. Sont dès à présent nommés membres d'honneur :

Monsieur le Bâtonnier VIGNANCOUR, Président de la Conférence des Bâtonniers de France

Le Bâtonnier Georges FLECHEUX, Bâtonnier de l'Ordre des Avocats du Barreau de Paris

Le Bâtonnier PACERE, Bâtonnier de l'Ordre des Avocats du Burkina-Faso

Le Bâtonnier SENE, Bâtonnier de l'Ordre des Avocats du Sénégal

Le Bâtonnier Iris CAEZALU, Bâtonnier de Bucarest

Le Bâtonnier LETOURNEAU, Bâtonnier de l'Ordre des Avocats de Montréal

Le Bâtonnier Joseph TAPPER, Connecticut - USA

La demande d'admission comme membre associé ou comme membre d'honneur sont adressée par écrit au Président du conseil d'administration qui les soumets, dans le mois de leur réception, à l'agrément du conseil d'administration.

Le conseil d'administration statue sans recours sur les demandes d'admission.

3

Article 6

Tout membre, quelle que soit sa qualité, peut démissionner en adressant sa démission aux administrateurs par lettre recommandée à la poste avec accusé de réception. Il perd ainsi sa qualité de membre de l'association à l'expiration de l'année civile en cours. L'exclusion d'un associé est réglée de la manière prévue à l'article 12 alinéa 2 de la loi du 27 juin 1921.

Cependant, le conseil d'administration a la faculté de suspendre provisoirement un associé jusqu'à la décision de l'assemblée générale. Ce point serait inscrit à l'ordre du jour de la plus prochaine réunion à l'assemblée générale.

Article 7

Le patrimoine de l'association répond des engagements contractés en son nom, sans qu'aucun des associés ou des administrateurs puisse être personnellement responsable de ces engagements.

DE L'ADMINISTRATION

Article 8

L'association est administrée par un conseil d'administration composé de 7 membre minimum et 12 membres maximum.

Les membres sont élus par l'assemblée générale ordinaire des associés à la majorité simple des voix. La durée de leurs fonctions est de 4 ans. Le premier conseil d'administration est composé de membres élus lors de l'assemblée générale fondatrice de cette association.

Article 9

Le conseil d'administration se réunit sur la convocation de son Président ou de la moitié de ses membres aussi souvent que l'intérêt de l'association l'exige, soit au siège social, soit en tout autre endroit du consentement de la moitié au moins des membres en exercice. L'ordre du jour est fixé par le Président ou les membres qui effectuent la convocation. Il peut n'être fixé qu'au moment de la réunion.

Article 10

Le conseil d'administration est investi des pouvoir les plus étendus pour agir au nom de l'association et faire autoriser tous actes et opérations permis à l'association et qui ne sont pas réservés par la loi ou les statuts à l'assemblée générale.

A titre d'exemple, il peut notamment nommer et révoquer tout employé et fixer leur rémunération, prendre à bail les locaux nécessaires au besoin de l'association, faire effectuer toute réparation, acheter et vendre tout titre ou valeur et tout bien, meubles et objets mobiliers, faire emploi des fonds de l'association, faire ouvrir ou fonctionner au nom de cette dernière tout compte courant dans tous etablissements de crédit, maisons de banque, chèques postaux, sociétés, etc en Belgique et à l'étranger ainsi que dans tout bureau de poste. Le conseil d'administration représente l'association en justice tant en demandant qu'en défendant et il statue sur l'admission d'exclusion des membres.

Il peut se faire assister par tout comité de son choix dont il fixe la composition et les attributions. La gestion journalière de l'association avec l'usage de la signature afférente à cette gestion (signature compte en banque etc) est déléguee expressément et statutairement au secrétaire général.

Article 11

Le premier conseil d'administration puis ceux qui lui succéderont, devront nommer, parmi leurs membres titulaires un Président, un vice-Président, un secrétaire général et un trésorier.

ASSEMBLEE GENERALE

Article 12

Les associés se réunissent en assemblée générale lesquels sont qualifiées d'extraordinaire lorsque leurs décisions se rapportent à une modification des statuts et d'ordinaire dans les autres cas. L'assemblée générale se compose des membres associés. Nul ne peut s'y faire représenter que par un associé, muni d'une procuration en due forme. L'assemblée générale est réunie chaque année avant le 30 juin sur convocation du conseil d'administration au jour, heure et lieu indiqués dans l'avis de convocation.

En outre l'assemblée générale ordinaire est convoquée extraordinairement par le conseil d'administration lorsqu'il le juge utile, ou à la demande au moins du 5me des membres associés. L'assemblée générale extraordinaire est convoquée par le conseil d'administration lorsqu'il en reconnait l'utilité ou dans les cas prévus par la loi. Elle doit être convoquée dans un délai maximum de 2 mois, lorsque la demande de convocation émane du 5me au moins des associés.

Les convocations à l'assemblée générale sont faites au moins 15 jours francs à l'avance par lettre individuelle. Elles contiennent l'énoncé sommaire des points portés à l'ordre du jour.

Article 13

L'assemblée générale ordinaire entend le rapport du conseil d'administration sur sa gestion et sur le rapport d'activité et le rapport financier de l'association. Elle approuve ou redresse les comptes de l'exercice clos. Elle pourvoit au remplacement des membres du conseil d'administration, autorise toutes les acquisitions d'immeubles nécessaires à la réalisation de l'objet de l'association, tous échanges et ventes de ces immeubles, ainsi que toute constitution d'hypothèque et tout emprunt et d'une manière générale délibère sur toutes les questions d'intérêt général et sur toutes celles qui

5

qui sont soumises par le conseil d'administration à l'exception de celles comportant une modification des statuts. Pour délibérer valablement, l'assemblée générale ordinaire doit être composée sauf dispositions légales contraires du quart au moins des associés. Si cette condition n'est pas remplie, l'assemblée générale est reconvoquée et lors de la seconde réunion elle délibère valablement quelque soit le nombre de présents ou représentés. Les délibérations sont prises à la majorité des voix des membres associés présents ou représentés sauf dans les cas où il en décide autrement par la loi ou les présents statuts.

Article 14

L'assemblée générale extraordinaire peut modifier les statuts dans toutes leurs dispositions. Pour délibérer valablement l'assemblée générale extraordinaire doit être composée des 2/3 des associés. Si cette condition n'est pas remplie, l'assemblée est reconvoquée et elle délibère valablement quelque soit le nombre des associés présents ou représentés. Conformément à l'article 8 alinéa 3 de la loi du 27 juin 1921, les décisions prises lors de cette 2me réunion devront être homologuées par le tribunal civil.

Les délibérations de l'assemblée générale extraordinaire sont prises à la majorite des 2/3 des voix des membres associés présents ou représentés.

RESSOURCES DE L'ASSOCIATION

Article 15

Les cotisations versées par les membres sont arrêtées chaque année par l'assemblée générale ordinaire sur proposition du conseil d'administration et dont le montant ne peut excéder 1.000 frs pour une personne physique et 10 000 frs.

L'exercice social à une durée de 12 mois qui commence à courir le 1er janvier et se termine le 31 décembre. Le conseil est tenu de soumettre chaque année à l'approbation de l'assemblée générale ordinaire les comptes de l'exercice écoulé.

DISPOSITIONS DIVERSES, DISSOLUTION, LIQUIDATION, CONTESTATION

Article 16

Des règlements intérieurs fixant les dispositions nécessaires à l'abdication des présents statuts ou à la réalisation de l'objet social pourront être établis par le conseil d'administration sans qu'ils puissent être considérés comme entrainant une modification des statuts, et dans la mesure où ils n'en altèrent pas le sens.

Article 17

6

L'association sera dissoute dans les cas prévus par la loi ou par décision de l'assemblée générale extraordinaire. En cas de dissolution prononcée par l'assemblée générale extraordinaire, le conseil d'administration en fonction sera chargé de procéder à la liquidation de l'association, à la réalisation et à l'attribution de son actif, suivant les décisions de ladite assemblée générale et conformément à la loi du 27 juin 1921. Il est à cet égard précisé que les fonds qui n'auraient pas été utilisés seront remis à une association similaire dans ses buts et moyens ou partagés entre plusieurs associations ou sociétés du même type.

Fait à Bruxelles, le

Monsieur Xavier MAGNEE, avocat, avenue Ducpétiaux, 80 à 1060 Bruxelles

Monsieur Pierre LEGROS, avocat, avenue Louise, 409 bte 1 à 1050 Bruxelles

Monsiuer Carl BEVERNAGE, avocat, rue de Bréderode, 13 à 1000 Bruxelles

Monsieur Erik CARRE, avenue Fr. Roosevelt, 204 à 1050 Bruxelles

FARTHOUAT, STASI & ASSELINEAU
AVOCATS A LA COUR
16 TER AVENUE BOSQUET
75007 PARIS

Vincent ASSELINEAU
Jean-René FARTHOUAT
Ancien Membre du Conseil de l'Ordre
Mario STASI
Ancien Bâtonnier de l'Ordre
Avocats à la Cour Associés

Zino ADJAS
Antoine CHATAIN
Emmanuel DAOUD
Dominique DUPAU
Jean-Christophe MAYMAT
Françoise POLACK
Marie-Manuèle SAMION
Avocats à la Cour

Téléphone : (1) 45.55.75.05
Télécopieur : (1) 45.55.29.79
Télex : CARPA 260.953 F

Paris, le 22 juillet 1992

Monsieur le Bâtonnier
Titinga Frédéric PACERE
01 B.P. 1152
OUAGADOUGOU 01
BURKINA FASO

NR. MS/mcj

Mon Cher Ami,

J'ai bien reçu ta lettre du 25 juin me faisant part des domaines d'action que tu avais envisagés et des sentiments un peu mélangés qui sont les tiens à la suite de l'opération "Avocats Sans Frontières".

Je pense qu'il n'y a surtout pas lieu d'entretenir ce sentiment d'amertume que tu sembles manifester.

L'opération a été lancée grâce à toi, il convient maintenant de lui donner corps.

Le Bâtonnier de BRUXELLES devrait, me semble-t-il, se rendre à BERLIN dans le cadre du prochain Congrès de l'UNION INTERNATIONALE DES AVOCATS pour voir comment ce projet devrait effectivement s'inscrire dans la politique générale d'ensemble de notre Union.

Il serait opportun que tu aies eu l'occasion de t'y rendre toi-même, ce qui nous permettrait d'harmoniser nos points de vue.

Je te serais obligé de me dire si un tel projet entre dans tes possibilités pour que je prenne moi-même des dispositions en conséquence.

FARTHOUAT, STASI & ASSELINEAU
AVOCATS A LA COUR
16 TER AVENUE BOSQUET
75007 PARIS

Je te précise, par ailleurs, que j'ai pu mettre déjà en pratique l'idéal de cette Association en intervenant aux côtés d'Avocats burkinabais mais aussi d'Avocats sénégalais, maliens et ivoiriens dans la défense des opposants politiques de COTE D'IVOIRE.

Tu verras que nous pourrons achever la symphonie...

Pour ce qui concerne les autres missions que tu envisages, elles m'apparaissent des mieux venues, mais je pense, là encore, que ces initiatives devraient prendre place à l'intérieur d'une structure déjà existante telle que l'U.I.A. ou la C.I.B.

Cela présenterait un double avantage. En effet, l'U.I.A. ou la C.I.B. prendrait ainsi une dimension humaine plus grande et une efficacité pratique plus réelle.

D'autre part, les initiatives elles-mêmes y gagneraient en reconnaissance auprès de l'ensemble de nos Confrères et des Barreaux qui pourraient être intéressés comme auprès des autorités politiques qui seraient obligatoirement nos interlocuteurs.

Comme tu peux l'imaginer, je serai toujours heureux de travailler à tes côtés dans des initiatives qui m'apparaissent toutes aussi utiles et allant toutes dans le sens de la défense des valeurs qui nous sont communes.

Je t'adresse, mon Cher Bâtonnier et Ami, l'assurance de mes sentiments les plus cordialement dévoués.

Bâtonnier Mario STASI.

21 juillet 199[illegible]

Maître Pierre LEGROS
Bâtonnier
409, Avenue LOUISE
1050 BRUXELLES

BELGIQUE

Objet : Mon discours Avocats
sans Frontières.

Monsieur le Bâtonnier,

J'ai l'honneur de vous rappeler mon confraternel souvenir et vous prier suite à mes correspondances antérieures restées sans suites de me tenir le plus rapidement du possible le texte de mon discours que j'ai prononcé à la cérémonie solennelle de lancement de "Avocats sans Frontières".

Comme déjà précisé je veux conserver tous les manuscrits de mes discours. Vous serait-il possible de me faire retour de ce manuscrit que j'ai dû vous laisser, le document n'ayant pas été dactylographié.

Votre bien dévoué.

Me T. P. PACERE./

[illegible]
Avocat
38, Cours Gabriel Péri
34400 LUNEL

[illegible]

Dominique ROUSSEAU
Professeur d'Université
5, Rue de l'Aiguillerie
34000 MONTPELLIER

Monsieur le Bâtonnier
TITINGA Frédéric Pacéré
AVOCAT
01 BP 1152
OUAGADOUGOU 01
BURKINA FASO

OBJET :
"Avocats et Juristes Sans Frontières"

Monsieur le Bâtonnier et Cher Confrère,

Maître Pierre PALIES, Membre du Conseil de l'Ordre du Barreau de Montpellier, nous a indiqué vos coordonnées à la suite de son entretien avec vous lors de rentrée du Barreau de BRUXELLES.

Comme a dû vous l'indiquer Maître PALIES, nous sommes un groupe d'Avocats, Universitaires et Magistrats, principalement implantés dans le Sud de la France, à partager vos préoccupations.

Nous avons créé une Association dont vous trouverez sous ce pli un exemplaire des statuts.

D'après ce que nous a indiqué Maître BALTES, il semblerait que l'objet social de notre Association est plus large que celui que vous avez vous même retenu.

Par ailleurs, avant de concrétiser ce projet, nous avons sollicité l'avis d'un certain nombre de hautes personnalités faisant autorité dans le domaine des droits de l'Homme.

Je vous pris de trouver sous ce pli un exemplaire des principales réponses qui nous ont été faites et qui témoignent d'un intérêt manifeste pour notre préoccupation commune.

Bien entendu, nous souhaitons agir de concert avec vous car nos projets ne doivent pas, à notre sens, être concurrents mais associés.

D'ailleurs, un grand nombre de personnalités que nous avons sollicitées, notamment Madame LALUMIERE Secrétaire Générale du Conseil de l'Europe et Monsieur JOINET Présidente de la Sous Commission des Droits de l'Homme de l'O.N.U. ont insisté pour que ce projet prenne la forme d'une organisation internationale non gouvernementale.

J'ajoute que nous tiendrons une Assemblée Générale le 4 Avril prochain à Montpellier.

Si vous pouviez être des nôtres, ce serait pour nous un très grand honneur.

En toute hypothèse, je pense que nous aurons l'occasion de reprendre contact d'ici là afin de poser les bases d'un très étroit partenariat.

Restant à votre disposition, je vous prie d'agréer, Monsieur le Bâtonnier, et Cher Confrère, l'expression de nos sentiments les meilleurs et les plus dévoués.

Alain OTTAN

Dominique ROUSSEAU

ORDRE DES AVOCATS
A LA
COUR DE PARIS

Paris, le 14 avril 1992

M. le Bâtonnier Frédéric Tintinga PACERE
OUAGADOUDOU
BURKINA FASO

Fax 19.226.31.19.98.

MS/SF
REF. AVOCATS SANS FRONTIERE

Mon Cher Bâtonnier et Ami,

Je te prie de trouver ci-joint copie de la lettre que je fais parvenir au Bâtonnier Xavier MAGNEE, ainsi que celle que j'adresse également au Bâtonnier BRUGUES de Montpellier, ainsi qu'au Président de la nouvelle association Avocats et Juristes Sans Frontière, notre Confrère Alain OTTAN du Barreau de Montpelliers.

Je te tiendrai informé des réponses qui me seront parvenues tan mon souci est de voir coordonner toutes ces actions afin d'obtenir un accord général pour une action commune.

Je persiste à penser que l'U.I.A. reste le meilleur support pour centraliser tous ces efforts.

Je te prie de croire, Mon Cher Bâtonnier et Ami, en l'assurance de mes sentiments bien amicalement dévoués.

Bâtonnier Mario STASI

P.J.

ANNEXE H

DISCOURS DE MAITRE PACERE SUR L'AVOCAT ET SUR LES AVOCATS SANS FRONTIERE

- 1°) Discours, 5ème Anniversaire de la création de l'Association « AVOCATS SANS FRONTIERE ».

- 2°) Discours à l'occasion de la création de l'UIDH (Ouagadougou).

- 3°) Discours de Dakar « L'Avocat, qu'est ce que l'Avocat ».

Monsieur le Bâtonnier, Président du Conseil d'administration d'Avocats Sans Frontières

Mesdames, Messieurs,

Cinq,
Cinq ans !

Et nous nous retrouvons dans ce haut sanctuaire de l'expression de la Justice, tabernacle d'où nous sommes partis, de nos analyses et réflexions, pour un monde de paix.

Cinq,
Cinq ans !

L'histoire des grandes oeuvres a pour intime secret que l'homme doit toujours se remettre en question, et tout anniversaire est une occasion d'introspection, à fin d'analyses, à fin d'être davantage à la mesure de ses propres objectifs et espoirs, dans un monde inquiet, à s'interroger sur son destin. En la matière, il nous faut répondre des principes directeurs qui ont animé nos fonds baptismaux.

La mission en effet de l'avocat, avions-nous affirmé, est de contribuer de manière indispensable à l'affirmation du caractère sacré de l'Etat de droit, à l'administration d'une bonne justice, au respect des droits de l'Homme et des peuples, distinction non faite des races, sexes, langues ou religions et même des frontières sous les cieux.

Dans notre monde, les violations des droits élémentaires, naturels, politiques ou de tous ordres, sont légions, engendrant souvent des situations d'urgence, d'extrême précarité, d'extrême gravité. Aucun continent en fait n'est épargné, que cela relève des grandes manchettes publiques de la presse internationale, ou que cela geigne sous le voile pudique - qu'on veut secret - des puissances d'établissement.

«*Laisser les victimes sans assistance*, avions-nous souligné, *représente une atteinte à la dignité de l'homme.*» D'où la nécessité d'un pacte de coeurs, de fraternité entre nous-mêmes et avec des hommes qui espèrent, pour une assistance juridique et judiciaire des avocats, dans une solidarité internationale évidente et nécessaire des barreaux. Il n'est pas en effet de mission plus noble, dans le contexte de la justice, surtout à couvrir la planète qu'un tel sacerdoce, au service souvent de peuples ou d'hommes démunis et sous baillons.

C'est pour cela que le 24 janvier 1992, en ce même haut lieu de la grande salle solennelle de la Cour de Cassation de Bruxelles, les bâtonniers de Bruxelles, de Paris, du Burkina Faso, de Moscou, du Sénégal et du Gabon, nous avons décidé, créé et ratifié la Charte portant naissance des AVOCATS SANS FRONTIÈRES qui a été suivie de multiples adhésions salutaires pour l'espoir d'hommes et l'affirmation du rôle essentiel de l'avocat dans la vie des nations.

Cinq,
Cinq ans !
Dans la nature d'une vie, c'est encore de l'enfance, à trébucher dans la marche, à trébucher dans la démarche. Mais sur mon continent, en Afrique, où l'homme parle par paraboles et métalangages on dit, dans la langue en particulier des Mossé, que nous reproduisons pour marquer le caractère éminemment international de notre mouvement : «*Bul paam wiiri, A lelga Buuga*», «Quand la corde est arrivée au cou de la brebis, la brebis est devenue une chèvre».

La vie de certaines nations qui interpelle l'avocat, et au premier chef l'avocat qui se veut être au service de la nécessité et sans frontières, impose que, poitrine ouverte, et sans caparaçon à se confectionner dès lors sur le terrain, l'avocat descende dans l'arène, au mépris souvent de sa propre sécurité en tant qu'individu, de sa propre sécurité en tant qu'institution, en raison de graves incompréhensions qui peuvent entourer son acceptation et sa postulation de défendre ce que d'autres appellent "*coupables dont on ne devrait pas s'embarrasser du luxe d'un procès*". Le drame du Rwanda, du Burundi ou d'ailleurs, illustre nos propos.

Des hommes ont été saisis, incarcérés, jugés, condamnés à mort dans une justice où l'accusé a comparu en réel figurant, témoin - sous menottes - de procédures. Nous voulons être compris. Qu'est-ce qu'avoir accès à un dossier, quand l'homme connaît peut-être des faits, mais d'une jungle préfabriquée sur la tête collective, d'une responsabilité sociale, internationale ou coloniale manifeste, qui enlève, partage ou atténue la responsabilité individuelle. Qu'est-ce que se défendre, quand dans le pays d'un illettrisme à 80 %, la loi elle-même sur laquelle on ne vit pas, est de surcroît introuvable. Qu'est-ce que juger, quand le juge est absent, ou manifestement réquisitionné, en otage ou improvisé, sans formation à la mesure des situations, ployant à quelques dizaines sous des dizaines de milliers de dossiers parce que relatifs à des centaines de milliers de détenus qui attendent dans des geôles de fortune, dans un contexte exacerbé de génocide, quand lui-même, juge, mais d'abord homme, peut être intéressé jusqu'à l'ethnicisme.

Il faut donc à la justice, non pas tellement aux individus en cause, mais à la justice elle-même, le concours de la défense, qui permettrait en collaboration d'aseoir véritablement les règles de procédure et diligences pour, maintenant en connaisseur technique, rendre la décision qui sanctionne et répare.

C'est pour cela qu'à peine deux mois après sa naissance, AVOCATS SANS FRONTIÈRES était dans les points chauds pour étendre à toutes les zones du possible sa présence à sécuriser les hommes et la justice elle-même - du Rwanda à Cuba, du Brésil à l'Albanie, de l'URSS à la Turquie - où l'homme a besoin d'une tutelle éclairée pour être simplement jugé, ou pour espérer avoir droit à la vie si, dans son intime conviction face à des tensions exacerbées, il se sent honnêtement étranger aux faits reprochés.

Eminents confrères,

En dehors des situations ponctuelles qui interpellent ça et là sur le globe, il nous faut surtout maintenant penser l'action en fonction de l'avenir. Ici, l'histoire récente semble traduire que l'évolution de l'humanité n'est pas toujours empreinte de sagesse, mais d'intolérance et d'arbitraire, érigés souvent en systèmes auto génocidaires de nations ou créant des sociétés criminogènes. Il arrive, dans l'histoire des peuples, des périodes troubles, souvent exacerbées, face auxquelles apparaissent des idéologies sécuritaires, négatrices des libertés.

Devant aller sur le terrain, il nous faudra prendre toute la mesure du phénomène qui pourra s'apparenter à la chimère, mais en tout cas, loin des sentiers battus et attendus. En ce sens je voudrais m'adresser aux plus jeunes d'entre nous, légitimement pleins d'enthousiasme, qui se bousculeront devant le portillon de l'entrée. Cela est souhaitable et est à encourager, mais il ne faudra pas méconnaître, par l'illusion, l'ampleur de ce qui est attendu, je le souligne.

J'ai moi-même dans des situations quelque peu similaires de criminalités sociales plaidé pour l'acquittement d'hommes profondément convaincu de l'innocence. Je les ai accompagnés devant le peloton d'exécution.

Un confrère ami, connu dans son milieu comme entretenant sa belle chevelure noire sans aucun cheveu grisonnant rentra le soir d'une exécution capitale de ses clients. A peine couché, il fut réveillé en catastrophe par les hurlements de son épouse épouvantée elle-même en se réveillant. Il se regarda dans un miroir et ne se reconnut pas. Il n'avait plus un seul cheveu noir sur la tête ; il avait brutalement et outrageusement vieilli en une seule heure d'absence même de sommeil.

Pour l'avocat des situations sans frontières, la mort peut être au bout du sentier ; même le juge pourra ne lui être d'aucun secours. Dans les dérives totalitaires qui légifèrent dans le sécuritaire, les instruments confectionnés pour le juge qui le lient, c'est-à-dire les lois, peuvent être taillées sur mesures pour la décision et la procédure ; celles pénales peuvent être aggravées et rétroactives, avec renversement de la charge de la preuve, c'est-à-dire qu'est battue en brèche la présomption d'innocence, la légalité des délits et des peines.

Si le juge accepte de juger, il ne pourra que condamner à mort des hommes, cependant souvent innocents dans son intime conviction, mais condamner en raison de la nature des lois. S'il refuse de juger, lui-même n'aura pas droit à un procès, semblant ou inique. Le juge pourra être inutile pour l'avocat, et dangereux pour lui-même. Dans le domaine d'intervention des Avocats Sans Frontières, l'avocat est seul, devant un juge seul.

Mais, confrères, là est notre mission. Il faut aller là où personne ne veut aller. Il faut aller là où personne ne peut aller. Il faut lutter et espérer, parce qu'il peut y avoir de l'espoir là où il y a désespérance. L'avocat doit lutter contre la mort souvent prévue pour son client, qui peut d'abord être la sienne avant d'être pour ceux pour lesquels il a décidé d'être un frère de partage.
Cinq,
Cinq années, c'est peu !
Cinq années, c'est l'enfance.

Mais, pour compter de ce jour, pour l'Avocat Sans Frontières "Demain" peut être synonyme de la mort qu'il nous faut accepter. Mais aussi, en attendant, ce jour, c'est la fête. Nous voulons simplement relativiser avant de descendre sur le terrain, avec courage et détermination, connaissant maintenant, mais acceptant d'assumer les risques encourus.

Notre participation à l'espoir des autres de l'avis du monde déjà averti est salutaire. Les présents procès en cours au Rwanda où les avocats sont des engagés volontaires d'AVOCATS SANS FRONTIÈRES. Les différentes interventions de ces gens de robes, en contact avec les hommes et les institutions, font d'eux un sang nouveau, toujours revivifié qui nourrit les viscères, des zones de paix aux zones de turbulences.

L'oeuvre déjà accomplie nous indique de reconnaître la justesse de la création de ce corps qu'on dira de "chevaliers arrivés à propos", et de féliciter, d'encourager tous les initiateurs et acteurs tout court. En particulier vous, Mr le Bâtonnier Pierre Legros, président du Conseil d'administration, et tous les membres de notre exécutif, d'un dynamisme et d'un dévouement à la cause achevés, ainsi que tous les auteurs de collaboration et concours.

Merci aussi de nous avoir permis d'être, comme au premier jour, avec toute notre communauté de volontaires pour penser l'action commune.

A vous, Messieurs les Bâtonniers,

A vous, chères consoeurs et chers confrères,

Nous avons voulu nous identifier à l'espoir des autres pour répondre de notre coeur qui se veut rythme des nations, des peuples et des hommes, dans leur quête légitime du bonheur, par une vraie justice.

A vous tous, nos sincères félicitations.

Joyeux anniversaire, dans une lutte qui n'aura pas de terme, tant que perdurera une certaine nature actuelle de l'homme, mais aussi lutte qui ne connaîtra que des sentiers, tous parsemés de gloires et de victoires.

Je vous remercie.

Bruxelles, 10 janvier 1997

Me Titinga Frédéric PACÉRÉ
Avocat à la Cour
Ancien Bâtonnier de l'Ordre
Président d'honneur d'Avocats Sans Frontières

UNION INTER-AFRICAINE DES DROITS DE L'HOMME

U. I. D. H.

CONGRES CONSTITUTIF.

OUAGADOUGOU 2, 3, 4 JUILLET 1992

ALLOCUTION DE Me Titinga Frédéric PACERE

- Bâtonnier de l'Ordre des Avocats du Burkina-Faso.
- Président d'Honneur du Mouvement Burkinabé des Droits de l'Homme et des Peuples (M.B.D.H.P.)
- Président du Conseil International des SAGES DE A.T.D. QUART-MONDE.
- Délégué Général de l'Afrique au Comité Exécutif de l'Union Internationale des Avocats (U.I.A.)

Monsieur le Président du Bureau du Comité Préparatoire de l'Institution de l'Inter-Africaine des Droits de l'Homme,

Eminents Congressistes,

Chers Amis et protecteurs de l'Homme,

J'ai défini, il y a quelque mois de cela à Mexico, à Bruxelles, à Dakar, à Harare, l'Avocat, à partir de son concept des traditions Africaines.

C'est cet homme, au cœur des tempêtes, qui lutte en claquant des doigts, pour l'avènement d'un monde plus juste, de cœur et de raison.

Cette définition en fait Universelle de l'espace et du temps, situe l'humanisme au cœur de toute quête pour un monde meilleur.

Le combat, est toujours quotidien.

Au Cameroun, Maître Pierre BOUABDA, militant des Droits de l'Homme et Défenseur de la Défense, constitué pour un autre Avocat, militant des Droits de l'Homme,,est abattu par la Police le 5 Avril 1990.

En Afrique du Sud, Maître BHEKI MLANGENI, des grandes investigations concernant les escadrons de la mort, est tué le 16 Février 1991 par l'explosion d'un WALKMAN, colis qu'il recevait de la poste.

Au Tchad, Maître Joseph BEHEDY, militant des Droits de l'Homme, est assassiné à N'Djamena, le 15 Février 1992.

Au Togo, la Police entre dans la Salle d'audiences pour agresser des Avocats. Dans la quasi entièreté des Etats du Continent, des Avocats luttent, inquiétés, arrêtés, suspendus, emprisonnés, exécutés, pour l'avènement d'un Etat de Droit où l'homme est égal à l'homme, et égal à lui-même.

C'est pour cela Monsieur le Président, que les Avocats saluent l'initiative des hommes du Continent, les Associations des Droits de l'Homme du Continent, pour la mise sur Pied d'une Inter-Africaine des Droits de l'Homme.

Aussi, ai-je l'honneur de vous remercier de l'invitation à prendre part à vos travaux et vous apporter le salut et le soutien :

- Des Avocats des Amériques, (Amérique du Nord ; Etats-Unis, Canada ; Amérique Central ; Amérique Latine...)
- Des Avocats de l'Europe (Europe de l'Ouest, France, Royaume Unis, Belgique, Allemagne.....)

Europe Centrale et de l'Est, dont la Russie et les Pays de la C.E.I.

- Des pays d'Asie, Moyen, Extrême Orient, Soleil Levant (Chine, Inde, Corée, Japon, Pays Arabes......)
- Du Continent Africain dont le Barreau du Burkina que j'ai l'honneur de présider, qui remercie en outre pour l'invitation spéciale.
- De l'Australie.
- Des Avocats des Iles...............etc

Je vous apporte en d'autres termes, le salut et le soutien de tous les Avocats regroupés au sein du l'Union Internationale des Avocats (UIA), la plus ancienne et la plus vaste organisation mondiale d'Avocats regroupant plus de 120 pays et dont chaque Congrès annuel rassemble près de 4 000 Avocats qui marque sa puissance, et dont je suis le Délégué Général de l'Afrique au Comité Exécutif ; le salut et le soutien en particulier de Monsieur le Président en exercice, Monsieur le Bâtonnier Henri GRONDIN du Canada.

Monsieur le Président et Chers Amis des Droits de l'Homme.

Les différents rapports faisant autorité dans le monde sur la situation à l'intérieur de la majeure partie des Etats du Continent, l'administration des différentes Justices, les appréciations des droits des détenus comme indicateurs, laissent perplexes :

Il est très peu d'exception :
- des déserts où la base des droits repose sur des sables mouvants ;
- des forêts sombres qui aveuglent, où la nature excrète des potentats divins ;
- aux pilotis bantoustanisés de la Terre de feu en feu.

Mais de notre appréciation, il ne faudra pas s'illusionner sur la nécessité de moraliser par l'équité, toute la planète, à l'échelon interne et sans complexe, amenuiser et éradiquer les iniquités troublantes.

L'explosion récente de Los Angeles, la désintégration de certains Etats cependant développés de l'Europe Centrale qui interdisent même toute aide humanitaire, sont là pour rappeler la persistance tous azimuts de l'agressivité de l'homme et dès lors, de violations répétées de droits des autres à l'échelon de tout le globe.

C'est pour cela que les Avocats saluent vos assises en Afrique, sur cette terre des Hommes intègres de réflexions, pour un monde meilleur.

Monsieur le Président,

C'est un droit de l'homme qu'il faudra accepter ou tolérer, au-delà des surenchères, des théories et des super-puissances.

Certains décalages ou différentiations de tréfonds ne sont pas indifférents sur la définition même des droits de l'Homme qui, dès lors, d'une région sociale, économique ou culturelle, à l'autre, ne sont pas identiques ou interchangeables.

Il ne s'agit pas de contester à l'infini ce qui existe et qui sauve ou éprouver le désir de quitter les rangs ; mais les exemples sont légions qui fixent les limites à nos démesures et assimilations.

Nous pouvons nous résumer par un fait du quotidien.

Pendant que la Presse haranguait dans une indifférence quasi absolue des nantis, que des millions d'enfants dans un seul pays mouraient et continuent de mourir de faim, dans une sécheresse qui avance où l'homme n'a même pas l'eau de boisson, on a vu des sommes incommensurables débloquées à la clefs et sans commande, pour sauver des éléphantaux en Afrique Australe, ou des tonnes le lait, pour un éléphanteaux du Sahel, pendant que périssent ainsi, dans l'écologie générale en feu, des enfants sans mère, élisant domicile dans des poubelles.

Cela se double de certains particularismes exacerbés.

- Le problème des réfugiés, certains le sont, dans leur propre pays ;
- Le problème des minorités, leurs droits à l'existence et à la culture.

- Le problème même de l'élémentaire droit à la liberté et à l'indépendance ; il est des peuples entiers en otage, pris dans un ghetto de mouvements pendulaires de gens d'armes, revenant dans l'arène pour égoïsme d'intérêts et déstabilisation permanente de la Nation.

- Le Droit au développement, dans le contexte du pillage du Tiers Monde, l'échange inégal et ses effets pervers des marchés de matières premières plusieurs fois périssables.

- Le Droit à une véritable Justice Libre, un Tribunal impartial soucieux, respectueux des Droits de la Défense et non télécommandé du Pouvoir.

Monsieur le Président,

Chers Amis,

Les Droits de l'Homme constituent de nos jours, le plus grand étendard au devant des Peuples, qui catalogue les consciences dans une certaine vision unitaire de l'homme, défini universel, contre un courant de pensée en cours naguère, qui les pensait incompatibles avec l'exercice des Pouvoirs.

Mais les Droits de l'Homme en Afrique impliquent des connotations qui viennent rédefinir dans les priorités, les gravités, les spécificités, les droits stricts liés à l'individualité de l'homme.

La garantie ici, plus que nulle part ailleurs passe par la garantie des Droits des Peuples qu'aggravent les réalités factices des frontières.

TChernobyl est venu nous apprendre, même dans l'impuissance, que les Droits des uns, surtout les plus Pauvres, impliquaient les devoirs des autres.

C'est pour cela, avons-nous dit, que les Avocats ont salué l'opportunité de vos assises et leur souhaitent, tous les moyens possibles pour l'atteinte des objectifs.

Ils souhaitent pour l'action, l'adhésion du plus grand nombre, de mouvements internes, libres indépendants et l'implication vis-à-vis de l'extérieur, de liens de Confraternité agissante avec les Organisations Continentales à buts similaires.

Les Avocats souhaitent que l'Inter-Africaine des Droits de l'Homme brise les carcans et les frontières entre les Nations et les Hommes.

Ils souhaitent que sa voix s'élève, s'impose dans les instances internes et internationales, pour dire le Droit mais en tout cas, être un rempart qui protège l'homme sur l'essentiel, contre les exactions des Puissances et du temps.

Je vous remercie.

Ouagadougou, le 02 Juillet 1992

Maître Titinga Frédéric PACERE

Bâtonnier de l'Ordre des Avocats du Burkina-Faso
Délégué Général de l'Union Internationale des Avocats (U.I.A.).

MAITRE TITINGA FREDERIC PACERE

Bâtonnier de l'Ordre des Avocats
du BURKINA FASO

Membre du Comité Exécutif repré-
sentant le Continent Africain à l'U.I.A.

L'AVOCAT
QU'EST-CE-QUE L'AVOCAT ?

Discours à la Rentrée Solennelle de la Conférence du Stage de l'Ordre des Avocats du Sénégal;
DAKAR 14 novembre 1991.

Monsieur le Garde des Sceaux Ministre de la Justice ;
Monsieur le Président de la Cour Suprême ;
Messieurs les Hauts Magistrats, Présidents de Cours et Tribunaux, Procureurs Généraux, Procureurs de la République, Auxiliaires de Justice ;
Monsieur le Bâtonnier de l'Ordre des Avocats et Confrères du Sénégal ;
Messieurs les Bâtonniers et Confrères des pays d'Afrique, d'Europe et des Iles ;
Eminentes personnalités politiques, religieuses et coutumières ;
Mesdames, Messieurs, Chers amis ;

Nous l'avons écrit
Nous l'avons réécrit :
Sur cette terre
La vie
Est un poème
Une mélodie qui transcende
L'univers et les saisons.
C'est ainsi que
Tous les ans,
Ils seront
Au rendez-vous des bâtisseurs ;
Ils seront deux,
Ils seront trois ;
Ils viendront des Sanctuaires du Pilimpikou,
Ils viendront des Tabernacles du Bamtou,
Pour tam-tamer et danser
Sous les feux des Ancêtres,
Tous les rythmes des tropiques ;
Ainsi,
Leurs Pères
Ont créé les Lois
Bâti les Cités,
Inventé les grandes civilisations.

.../...

Monsieur le Bâtonnier et Chers Confrères,

C'est une Loi d'airain du Continent, que l'homme grandit par introspections, par remises en questions perpétuelles de lui-même, par arrêts des cheminements, aux termes des jours de labeurs et de récoltes, pour méditer en famille, en présence des proches et amis, sur les profondeurs du travail accompli, dans la perspective de la construction des destins.

C'est pour cela que c'est une joie et un honneur pour nous d'être, ce jour des vôtres, vous apporter le salut confraternel et amical, au-delà éventuel de messages spécifiques ou particuliers que dictent des liens personnels fondés par l'histoire,

Le salut des Barreaux et Avocats des Amériques (Amérique du Nord, Etats Unis, Canada , l'Amérique Centrale et Latine),

Le salut des Barreaux de l'Europe de l'Ouest, du Centre et de l'Est dont l'U.R.S.S. ; de l'Asie, de l'Extrême Orient dont la Chine et le Japon,

Le salut des pays d'Afrique, des pays Arabes, des Iles et autres Continents dont l'Australie.

Nous vous apportons en d'autres termes, le salut confraternel et amical de l'Union Internationale des Avocats (U.I.A.) en particulier du Président en Exercice Monsieur le Bâtonnier Henri GRONDIN du Canada,

Le salut de l'U.I.A., ayant connu l'insigne honneur nous-même, au dernier congrès de Mexico cette année, d'être désigné pour représenter le Continent Africain au Comité Exécutif de cette Institution, la plus grande et puissante organisation mondiale de la Défense, dont plusieurs membres du Comité Exécutif sont dans cette salle.

Le salut dès lors, parce que de surcroit désigné pour la circonstance Doyen des Bâtonniers d'Afrique,

Le salut fraternel et confraternel des Barreaux et Avocats d'Afrique.

.../...

Chers amis,

En raison d'une volonté exprimée de la Communauté Internationale de mettre un terme à un désordre grave du comportement des Nations pour compter de la présente année, il est souhaité aux Etats, une attention particulière vis-à-vis de la DEFENSE, qui suppose à la génération montante, postulante du Corps, une maîtrise du rôle de l'Avocat, et aux BARREAUX, la conscience désormais, du caractère universel de leurs missions.

C'est pour cela qu'au-delà des salutations, congratulations d'usages, nous voulons tout particulièrement, en aîné, déboublement peut-être de la tutelle d'initiations des sociétés traditionnelles d'Afrique, mais en Doyen, pour contribution à la formation si tant est que cela est encore nécessaire après les grands enseignements reçus, nous adresser à l'Avocat, particulièrement aux Jeunes Avocats qui ouvriront l'ère 1992, et tenter de répondre pour qu'ils s'en imprègnent, à cette question parce qu'aujourd'hui, on ne peut plus d'actualité :

"L'Avocat ! Qu'est-ce-que l'Avocat ?"

Mesdames, Messieurs,
Chers Confrères,
Chers amis,

La Défense s'impose de plus en plus au monde, et particulièrement à l'Afrique, comme le coeur des régulations, la planche du salut, le rameau d'olivier.

Nous sommes à une rentrée de Conférence de Stage, c'est-à-dire, dans l'intimité de nous-même, pour l'Ancienneté ou la Jeunesse, une sortie de Fonds baptismaux, où l'homme, souvent sous l'eau, asphyxie et sort plus inquiet de l'Avenir, que hagard du passé, ouvre les yeux, rencontre ceux de son Pouvoir d'Etat, l'Aéropage de sa Justice au grand complet, des Présidents de Cours et Tribunaux, des Procureurs Généraux et de la République, des auxiliaires assistant ou instrumentant à l'infini, les parents, les confrères de la Défense, et peut-être entre les mains, et fermé, un code de procédure pénale.

Nous sommes en 1991, la veille de 1992 ; ce n'est pas une boutade, ou une lapalissade, le cadre ne s'y prête pas ; c'est une fin, c'est-à-dire un commencement, qui ne sera pas un recommencement.

Plus d'un Etat qui a souscrit, ratifié et fait acte de dépôt se demande

"L'Avocat, qu'est-ce-que l'Avocat ?"

Ce n'est pas un cours que nous voulons diffuser à profusion Ex-Cathédra, nous n'en avons pas le droit, ni l'opportunité ; mais il se pose au niveau Instruments, en cette fin de l'année 1991 et plus qu'en toutes autres périodes de la vie des Nations, la raison de l'Avocat, qui interpelle l'histoire, les Gouvernants, l'Avocat lui-même et qui dicte dès lors le sens de notre présent discours à l'endroit particulièrement de la génération montante, de cette rentrée de stage.

Chers confrères et amis,

Le 8ème congrès des Nations Unies, pour "la prévention du crime et le traitement des délinquants" a édicté :

"Les principes de base relatifs au Rôle du Barreau".

Des premières dispositions on relève :

"Le huitième congrès :

- 1 Adopte les principes de base relatifs au Rôle du Barreau.
- 3 Invite les Etats membres à tenir compte des principes de base dans leur législation et leur pratique nationales et à les respecter.
- 4 Invite également les Etats membres à porter les principes de base à l'attention des Avocats, juges, membres des pouvoirs exécutif et législatif et du public en général.
- 5 Invite en outre les Etats membres, à informer le Secrétaire Général tous les cinq ans, à compter de 1992 des progrès réalisés dans l'application des Principes de Base, notamment leur diffusion, leur incorporation dans la législation, la pratique, la procédure et les politiques nationales ......

Ces principes portent sur la formation, les devoirs, l'exercice de la profession, la liberté d'expression.

Ils portent sur les garanties particulières en matière de Justice pénale, les Droits de la Défense et les Droits à la Défense.

Il s'en infère que la Communauté des Nations, fait de l'Avocat, le personnage clef, le baromètre du respect des Droits de l'homme, et des garanties de la Justice.

.../...

Mais, ai-je dit,

Qu'est-ce-que l'Avocat ?

Je suis au Sénégal, l'un des premiers points de rencontres des civilisations qui diffusa pour l'Occident, les valeurs de Culture de l'Afrique et pour l'introduction à cette fonction de la Défense, à sa connaissance, à ses valeurs, je voudrais rester en Afrique.

Dans une des civilisations de ce Continent, peu importe son nom, parce que le principe est général sur cette terre, qui intéresse les présents propos, au XIVème siècle, un prince héritier, après analyse du comportement judiciaire de son peuple, renonça au trône pour être un acteur et un facteur de la Justice.

Son nom est WEMBA.

Il prit une devise : "Le claquement des doigts est plus puissant que les coups de casse-têtes".

Il se donna une Mission :

"Je suis le Passeur.
L'imprudent passe par-dessus moi,
Le néré meurt en fleurs.
Le karité meurt en fleurs."

Ce peuple d'une des Nations Africaines continue de vivre aujourd'hui avec son WEMBA, qui est un ministère libre et indépendant, dans la société traditionnelle,

* Qui "claque les mains" c'est-à-dire qui frappe aux portes, pour implorer la compréhension, sinon le pardon, sentier plus heureux, plus positif que celui à emprunter de la force aveugle ;

* Qui est puissant et personne, encore moins les Rois, eux-même mortels, ne peut "passer par dessus", pour que le peuple ne meurt pas en pleine jeunesse, pour que la Justice des hommes, qui n'est pas celle des Dieux, soit au moins de l'équité pour tous.

Jeunesses qui sortez d'un stage pour entrer dans un autre stage, parce que la vie de l'Avocat est une perpétuelle école de formation ! Nous avons nous-même à ce jour plaidé au moins quinze mille dossiers, il n'est pas deux identiques ; il est demandé aujourd'hui, plus qu'à tout autre moment de l'humanité de connaître l'Avocat dont les principes de base pour compter de l'année qui s'ouvre avec votre prise de fonction, seront sans frontière.

.../...

Mais l'Avocat, qu'est-ce-que l'Avocat ?

L'Avocat n'est pas des fibres de ce monde :

Il est de certaines philosophies des profondeurs des Continents, la poubelle noble de l'histoire ; il reçoit ce qui est salé, il reçoit ce qui est acide, il reçoit ce qui est chaud, il reçoit ce qui est froid ; il est l'ouverture, la tolérance qui écoute, interprête, catalyse, agit sur tous les coeurs pour être la mère nourricière de la terre, de la nature, du ciel, de la vie et des morts.

Il est de la pensée de certains peuples, né avant la Justice, pour plaider aux constats, initier des plaintes, dicter par sa présence, l'existence de la Justice, ou écarter la Justice par sa non présence.

Il étudie l'homme, pour inventer l'homme.

Il est la garantie salvatrice du temps qui avance ou recommence, l'espoir des oubliés, le soleil des exclus, le tuteur des hommes sous baillons, le père des enfants sans père, la mère restante des époux enchaînés.

Un de ces hommes de l'Afrique des déserts nous parlant de lui-même a dit :

> "C'est moi qui coud le pantalon, pour l'homme à qui on a retiré le cache-sexe."

Sur ses conditions de travail, un autre que nous paraphrasons pour le contexte disait de l'Avocat de la cité :

> "C'est celui qui mange son "Thiep Dienn" avec de l'huile d'arachide mais qui peut aussi le manger avec de l'huile de kaïlcédrat."

Jeunes Confrères, votre choix est terrible, et les simples encouragements d'un aîné, ou de tous vos aînés seront insuffisants parce qu'il faudra en plus quelque chose de vous-même devant l'imprévisible toujours aux aguêts.

L'imprévisible pour l'Avocat, n'est pas une vue de l'esprit ; il peut être et être au-delà de la chimère.

En début de carrière, nous avons défini l'Avocat, écrit dans la presse Africaine, diffusé dans la presse mondiale écrite, parlée ou télévisuelle.

.../...

Vingt ans plus tard, nous hésitons à définir l'Avocat, de peur de ne pouvoir tout embrasser.

L'homme qui parle, parce qu'il vous faut un modèle, non au sens de l'idéal, mais simple du tailleur, même imparfait, ou une victime du concret, au-delà des formes de l'abstraction et des théories, l'homme qui parle a rencontré et imploré la clémence de Chefs d'Etat, hautement qualifiés de Magistrats suprêmes ; sans frémir, il lui fut dit le premier jour :

> "Maître, votre client m'apparaît en effet innocent ; mais Maître, vous devez me comprendre, il me faut une tête."

L'homme qui parle a plaidé pour l'acquittement d'hommes, lesquels furent acquittés ;

L'homme qui parle a plaidé pour l'acquittement d'hommes, et il les a accompagnés un matin, devant le péloton d'exécution.

Chers Jeunes Confrères !

La Défense n'est même pas une simple randonnée d'esprits en but souvent à des exactions et masochismes de l'histoire.

Les corps en effet ne sont pas épargnés ; en prenant seulement la période de l'année écoulée à ce jour et pour l'Afrique, les exemples sont légions.

- Maître Noureddin BHIRI de Tunis a été arrêté, incarcéré et sans possibilité de communiquer avec un Avocat.

- Les Avocats Togolais le 05 octobre 1990 sont chargés à coups de matraques et de crosse de fusils.

- Au Kénya, Maître John KHAMINA, Maître Gitobu IMANYARA, Maître Mohamed IBRAHIM sont arrêtés et emprisonnés en juillet 1990 parce que dits spécialisés dans la défense des détenus politiques ; libéré le 26 juillet 1990, Maître IRANYARA a été de nouveau arrêté en septembre 1990, libéré il fut réincarcéré le 1er mars 1991. Arrestation également de Maître Mirugi KARIUKI et Maître RUMBA KINUTHIA le 08 octobre 1990 ; Maître KARIUKI avait déjà été détenu de 1986 à 1989 sans motif.

.../...

- Maître Mountaga TALL, du Mali, que je salue ici de cette salle, qui voulait pour son pays la Démocratie, poursuivi, traqué, a pû franchir la frontière dans une voiture maquillée, et se refugier dans mon cabinet sous une fausse identité à un moment où je venais à peine de sortir d'une suspension d'un an pour avoir, me l'a-t-on dit, insulté Monsieur le Ministre de la Justice de mon pays avec sa Justice dans plusieurs de mes écrits (ce que d'ailleurs je n'ai jamais regretté).

- Au Cameroun, Maître Pierre BOUABDA qui s'était constitué pour la défense du Bâtonnier YONDO Black est abattu par la Police le 05 avril 1990.

- Les cas de violation des droits en Afrique du Sud sont autrement fréquents. Signalons entre autres, l'arrestation de Maître Y. B. SIBANYONI et Maître Dumisani TABATA ; quant à Maître BHEKI MLANGENI, Avocat constitué dans les dossiers de l'escadron de la mort, il recevait le 16 février 1991 par la Poste un WALKMAN lequel explosait dans ses mains et le tuait sur le coup.

Mais les cas existent d'incarcération et fort nombreux, au Soudan, (Maître SADIQ AL-SHAMI, Maître GALAL EDDINE AL-SAYID, Maître Mustapha ABDELKADIR, Maître SAYED Issa, Maître ADNAN ZAKIR), au Maroc, (Maître Mohammed KERFATI) ...etc.

Mes Chers Confrères qui entrez dans ce Corps, l'Avocat, c'est tout cela ; c'est là qu'il trouve son bonheur, en fait incommensurable, parce que c'est un homme libre ; c'est un homme heureux, heureux par le bonheur des autres qu'il construit ou aide à construire.

C'est peut-être un Sisyphe heureux, qui n'a pas sa vie ou a renoncé à l'égoïsme humain pour que la Terre s'apparente au Ciel, qui accepte mourir contre la souffrance, la misère, l'incompréhension ou la mort des autres ; mais, c'est un homme heureux.

La Défense est un sacerdoce en commun, avec les Confrères, les conjoints, les enfants, les familles, pour le vrai bonheur de l'homme tout court.

Mais aujourd'hui c'est la fin d'un stage, et cette année pour l'O.N.U., la fin édictée d'un monde, pour l'avènement contrôlé ne serait-ce que moralement, d'une ère de Droits de l'Homme, que garantit l'exercice libre de la profession d'Avocat.

.../...

Nous voulons dire le bonheur et l'honneur à nous faits de prendre ic. la parole à l'adresse de la Jeunesse montante, enveloppée désormais de cette lourde Robe de la Défense.

Honneur, parce que nous sommes ici au Sénégal, et nous nous sommes adressé à un ordre de jeunesse sans frontière.

Ramené aux limites considérées, c'est une joie ineffable pour nous, qui relègue à la relativité, certains de nos propos.

Parce qu'ici nous pouvons chanter l'expression du droit, à la gloire de tous, et affirmer ne serait-ce que toutes proportions gardées, l'apologie de l'arbre du Ténéré, dans la vastitude des déserts, ici où l'homme a l'eau de boisson, où les juridictions ne sont pas d'exceptions, taillées sur mesures, avec des Avocats fonctionnaires, des lois pénales et procédurales aggravées, rétroactives, renversant les charges de la preuve, et qui sont cependant introuvables.

Nous souhaitons dès lors, et cela peut être possible, que tout ce que nous avons dit de troubles pour vous, n'ait jamais eu d'existence.

Joie et honneur également pour nous, parce que nous sommes au Sénégal, où l'expression de la Défense, ses luttes, ses victoires, ses rayonnements, sont éclatants, traduisant une maturité par l'histoire, par l'expérience, faisant autorité et école sur le Continent et la planète.

Nous avons été heureux nous-mêmes, de travailler et donc d'apprendre, auprès des Confrères du Sénégal dont notre ami, Monsieur le Bâtonnier Alioune Badara SENE, porté, qui légitime nos propos tant vis-à-vis de l'Ordre des Avocats du Sénégal, que de sa haute stature, à l'unanimité des Barreaux, à la tête de l'Union des Barreaux de l'Afrique de l'Ouest (U.B.A.O.).

Monsieur le Bâtonnier et éminents Confrères du Sénégal, merci pour l'invitation et toute la cordialité qui nous ont permis d'être à vos côtés, et nous adresser, ce jour, à la jeunesse de l'ORDRE.

Monsieur le Bâtonnier, Chers Confrères et amis,
Nous l'avons dit, en Afrique
Tout est mélodie, et rythmes de saisons.
C'est ainsi que
Tous les ans,
Ils seront
Au rendez-vous des bâtisseurs,

Ils seront deux
Mais, ils seront trois.
Ils viendront des Sanctuaires du Pilimpikou,
Ils viendront des Tabernacles du Bantou,
Pour tam-tamer et danser
Sous les feux des Ancêtres,
Tous les rythmes des tropiques
Mais ils reviendront
Ils reviendront
Archiptères des complexes cités
Hommes des vivantes complémentarités
Termites des profondes spiritualités
Ils reviendront,
A l'aube des saisons
Quand
Les champs ne seront plus des champs,
Les rivières des rivières,
Les savanes des savanes.
Ils reviendront,
A l'aube des saisons
Pour tam-tamer et danser
Sous les feux des Ancêtres,
Tous les rythmes des tropiques ;
Ainsi
Leurs Pères
Ont créé les Lois
Bâti les Cités
Inventé les Grandes Civilisations.

Je vous remercie.

Dakar, le 14 novembre 1991.
Le Bâtonnier PACERE
Doyen des Bâtonniers d'Afrique
Représentant du Continent Africain au Comité Exécutif de l'U.I.A.

BIOGRAPHIE DE L'AUTEUR

Maître Titinga Frédéric PACERE est né vers 1943 à Manéga au Burkina Faso, fils aîné et Prince Héritier de Naba GUIEGUEMDE ; il est :

- Ministre des Coutumes et de la Culture à la Cour de Manéga,
- Avocat à la Cour (premier Avocat et premier Bâtonnier de l'histoire du Burkina Faso) ;
- Ecrivain, Poète, Homme de Culture, auteur d'une cinquantaine d'ouvrages.
- Avocat Conseil Principal au Tribunal Pénal International pour le Rwanda à Arusha en Tanzanie, Président d'Honneur de l'Association des Avocats près ce Tribunal International ;
- Expert Indépendant nommé par les Nations Unies sur la situation des Droits de l'Homme en République Démocratique du Congo (RDC 2004-2008) ;
- Père Fondateur des Avocats Sans Frontières ;
- Membre du Conseil d'Administration du Cercle Richelieu Senghor de Paris (2002-2008) ;
- Membre Titulaire de l'Académie Mondiale de Poésie (Vérone, Italie) ;
- Ancien Membre du Conseil d'Administration du Mouvement International ATD-QUART MONDE, et Membre du COMITE POUR LE 17 OCTOBRE de cette Organisation pour la JOURNEE MONDIALE DU REFUS DE LA MISERE aux côtés de :
    - Monsieur Javier Perez De Cuellar, Ancien Secrétaire Général de l'ONU (Président du Comité) ;
    - Madame A. A. De VOS, Président d'Honneur du Mouvement International ATD QUART MONDE (Secrétariat Général) ;
    - Les Prix NOBEL de la PAIX : - Monsieur Adolfo Perez Esquivel ;

- Monsieur Elie Wiesel.

- Monsieur Francis Blanchard, Ancien Directeur Général du B.I.T. ;
- Madame Cathérine Lalumière, Ancienne Secrétaire Générale du Conseil de l'Europe ;
- Monsieur Halfdan Mahler, Ancien Directeur Général de l'OMS ;
- Monsieur Federico Mayor, Ancien Directeur Général de l'UNESCO ;
- Monsieur Edouard Saouma, Ancien Directeur Général de la F.A.O. ;
- Madame Simone Veil, Ancienne Présidente du Parlement Européen ;

- Président d'Honneur de l'Union Interafricaine des Droits de l'Homme ;
- Président d'Honneur du Mouvement Burkinabé des Droits de l'Homme et des Peuples.
- Président de la Commission de Toponymie de la Ville de Ouagadougou chargée de proposer au Conseil Municipal, des noms pour baptême des Rues, Places et Sites ;
- Fondateur du Musée de Manéga.

DISTINCTIONS HONORIFIQUES DE L'AUTEUR

- **Grand Prix Littéraire de l'Afrique Noire**, 1983 (Goncourt Africain) ;
- **Médaille d'Honneur de l'Association des Ecrivains de Langue Française** (ADELF, 1991, la Première au Continent Africain) ;
- **Diplôme de Promoteur de la Culture Démocratique en Afrique** décerné par l'Observatoire Panafricain de la Démocratie (Lomé, Togo, 1996) ;
- **Prix MULTIMEDIA-ART**, décerné par AVICOM, Paris à l'endroit du Musée de Manéga et de son Fondateur, la première Distinction de cette Institution à un Musée Africain (Concours à l'occasion du Festival Audiovisuel International MUSEES ET PATRIMOINES, FAIMP) ;
- **Officier de l'Ordre des Arts, des Lettres et de la Communication** ;
- **Officier de l'Ordre National** ;
- **Commandeur de l'Ordre National** ;
- **Chevalier de l'Ordre du Mérite de la Jeunesse et des Sports**
- Distinction de « **VENERABLE TRESOR HUMAIN VIVANT** » décerné le 23 décembre 2004 par Monsieur le Ministre de la Culture du Burkina Faso ;
- **Médaille d'Honneur de la ville de OURADOUR SUR GLANE**, (Ville Martyr France ;
- **Médaille d'Honneur de la ville de VAUVELIN** en France ;
- **Médaille d'Honneur de la ville de SAINT GHISLAIN**, Belgique ;
- **Médaille d'Honneur de la Ville de PERIGUEUX**, France,
- **Médaille d'Honneur de la République de Guinée ;**
- **Médaille d'Honneur des Ecoles du Désert,**
- **Diplôme d'Honneur de la ville de Ouagadougou** ;

- **Dignitaire du Grand Ordre de Rocamadour** (France) ;
- **Citoyen d'Honneur de la ville de Rocamadour** (France).
- **Docteur Honoris Causa de l'Université Louis de Montesquieu de Côte d'Ivoire**
- **La Salle de Délibération des Jurys de Thèses de l'Université Louis de Montesquieu de la Côte d'Ivoire, porte son nom**
- **Une Avenue de la Ville de Ouagadougou porte son nom (Av. 2.26, Secteur 2 de la Ville)**
- **La Grande Bibliothèque et Salle de Conférences de la MAISON DE L'AVOCAT**

Des Avocats du Burkina Faso, Siège du Conseil de l'Ordre, porte son nom.

DU MEME AUTEUR

LITTERATURE

- « Ça tire sous le Sahel », Ed. PJ OSWALD Paris, 1976.
- « Refrains sous le Sahel » Ed. P.J. OSWALD PARIS 1976.
- « Quand s'envolent les Grues Couronnées » Ed. P.J. OSWALD PARIS 1976.
- « Poème pour l'Angola » Ed. SILEX PARIS 1982, Ouvrage couronné Grand Prix Littéraire de l'Afrique Noire par l'Association des Ecrivains de Langue Française (Ex Aequo).
- « La Poésie des Griots » Ed. SILEX PARIS 1982, Ouvrage couronné Grand Prix Littéraire de l'Afrique Noire par l'Association des Ecrivains de Langue Française (Ex Aequo).
- « Du Lait pour une Tombe » Ed. SILEX PARIS 1984.
- « Poème pour Koryo » (pour la réunification de la Corée ; la Maison POUSGA) 1986.
- « SAGLEGO ou Poésie du Tam-tam pour le Sahel » (bilingue Moré français), 1990, Ed. Maison Pousga Ouagadougou.
- « Des Entrailles de la Terre », Ed. L'Harmattan Paris 1999 (dédié à Tène Youssouf Gueye, Président des Ecrivains de Mauritanie, mort en Prison après des démarches infructueuses de l'Auteur , au nom des Ecrivains Africains).
- « Le Langage des Tam-tams et des Masques en Afrique » Ed. L'Harmattan, Paris, 1992.
- « Bendr N Gomdé » Paroles et Poésie du Tam-tam (bilingue Moré-Français, 11 volumes, Ed. Maison Pousga 1984-1991).
- « Livre, Culture et Développement » (Imprimerie Nationale du Burkina 1989).
- « Pensées Africaines » Ed. L'Harmattan, Paris, 2005 (Recueil de proverbes, dictons de la sagesse africaine), 368 Pages.
- « M Bayir-Weogo, Poésie des Animaux d'Afrique et Sagesse des Hommes » ; Edition, l'Harmattan, Paris, Juin 2007 ; 188 Pages
- « Poème d'une Termitière » (Poème) ; Ed. L'Harmattan Paris 2007
- « L'Homme meurt seul » (Poème) ; Ed. L'Harmattan, Paris 2007

ESSAIS, TEMOIGNAGES, ART :

- « Ainsi on a assassiné tous les Mossé » Ed. NAAMAN, Québec,Canada, 1979 et 1980 et Maison Pousga Ouagadougou 1984, 1988.
- « L'Artisan du Burkina », Edition Pyongyang Corée (1987).
- « Les Yakouga ou Pierres Tombales du Burkina » Edition Maison Pousga 1993.
- « Les Armoiries de la Ville de Ouagadougou » (conception, réalisation), 2003.
- « Dimdolobsom, l'Homme et l'œuvre » ; Travaux de Recherches ; Maison Pousga, Ouagadougou 1990 ; Ed. Fondation PACERE, Ouagadougou 2008 ;
- « Hommage à Dimdolobsom ; Rituel sur sa Tombe », 25-05-08 ; Ed. Fondation PACERE, 2008.

SOCIOLOGIE, ECONOMIE, DROIT :

- « La Famille Voltaïque en crise » Ed. 1976 Ouagadougou.
- « L'Avortement et la Loi » Ed. Ouagadougou 1983, Ouagadougou.
- « Droit et Protection des Œuvres Littéraires et Artistiques » Ed. SACEM – PARIS – OUAGADOUGOU 1983.
- « Au Nom du Droit » Plaidoyer contre les Juridictions d'Exception, Ed. Ouagadougou 1983.
- « Les enfants abandonnés » (Faits, droits et protection) 1990.
- « Les Personnes Handicapées » Ed. Ouagadougou, 1990.
- « Funérailles et Rites des Morts chez les Mossé » Ed. Maison Pousga 1998 Ouagadougou.
- « Naba ZID-WENDE et les Lieux Sacrés de Manéga » Ed. Fondation PACERE 1998.
- « Pog-Poussoum ou Mariage coutumier chez les Mossé » Ed. Maison Pousga, 1998 Ouagadougou.
- « Manéga, Histoire, Coutume, Dalle et Musée, Ed. Maison Pousga 1998 Ouagadougou.
- « Burkina Faso, Migrations et Droits des travailleurs (1897-2003) » Ed. UNESCO-KARTHALA, Paris, 2004.

- « Les Accidents du Travail et Culture Africaine » Ed. Fondation PACERE Ouagadougou.
- « L'Hospitalité chez les Mossé du Burkina Faso » Ed. Maison Pousga, Ouagadougou, 2006, Ouagadougou.
- « Les Armoiries et les symboles de la ville de Ouagadougou », Ed. Maison Pousga, Ouagadougou 2006.
- « Connaissance de Ouagadougou par la Rue, la Culture et l'Histoire » (800 Pages ; 1,468 Kg. Edition spéciale de Luxe et numérotée ; Nancy (France), 2007.

AFFICHES, POSTERS, CARTES POSTALES, TIMBRES POSTES , BLASON :

- « Il est des enfants » ;
- « Le Larlé Naba AMBGA » ;
- « Dim-Dolobsom » ; (1990 et 25 Mai 2008)
- « L'Aube Radieuse » ;
- « Le Musée de Manéga » (une dizaine) ;
- Cartes Postales, Culture et Musée, (une vingtaine)
- Timbres Postes (une dizaine).
- « BLASON de Maître PACERE » Ed. Fondation PACERE (Arusha, Ouagadougou, 2008)

MUSIQUE, CDROM, CINEMA :

- « Folklore de Manéga » Disque, 33 Tours, 1977
- « Folklore de Manéga », Disque, 45 Tours, 1977
- « Folklore du Larlé Naba » (33 Tours, 3 Disques 1977)
- « Les Trésors du Mogho » 'création de l'Auteur, plusieurs 33 Centimètres en collaboration
avec Maisons d'Edition.
- « Chants et Musiques traditionnels « (33 Tours, Ministère de la Culture de Haute Volta
et AGECOP PARIS) pour illustration et représentation de la Musique Nationale
de la Haute Volta sur la scène internationale ; Préface de l'Auteur.

- « Le Musée de Manéga » (CD-ROM, Coproduction avec l'ACCT, Agence de la Francophonie, Paris), 1998.
- « ISHANGO » Oratorio créé au Palais des Beaux Arts, Bruxelles, Novembre 2001, Maison de la Culture d'Arlon, Septembre 2003, Capitole, Gan, Novembre 2003, Théâtre St Michel, Bruxelles Novembre 2003, Zuiderspershuis, Anvers, Décembre 2003, Chœur Symphonique de Namur, Musique Daniel Schell, Chris Joris, textes Me Titinga Frédéric PACERE ;
- « BILANGO » Oratorio en préparation avec Musique de Daniel Schell pour Chœur Symphonique (Europe) pour orchestre dont 250 Choristes.
- La Culture du Burkina Faso et le Musée de Manéga (une vingtaine de disques et cassettes Audio) ;
- « Les Masques de la Mort », film, Coproduction Maître PACERE et HILOU André.

OUVRAGES SUR MAITRE TITINGA FREDERIC PACERE

Plusieurs éminents travaux sur Maître Pacéré ont été réalisés par les Universités du Burkina Faso, (Ouagadougou), de Côte d'Ivoire (Abidjan, Bouaké, Ecole Normale Supérieure d'Abidjan), les Universités Européennes (Paris), Canadiennes (Québec), Américaines, , Italiennes (Vatican), en Thèses d'Etat , en Doctorats Troisième Cycles, en Mémoires de Maîtrise ; pour nécessités , rechercher auprès de ces Institutions ;

Pour les Livres spécifiquement consacrés à Me PACERE, il est à citer :

- « **Mélanges offerts à Maître Titinga Frédéric PACERE** » Université de Ouagadougou (Burkina Faso), Ecole Normale Supérieure d'Abidjan (République de Côte d'Ivoire), Edition l'Harmattan Paris 1991, 432 pages.

- « **Maître Titinga Frédéric PACERE, le Tambour de l'Afrique Poétique** » par le Professeur Léon YEPRI, Université d'Abidjan, Côte d'Ivoire, Editions L'Harmattan, Paris 1998, 382 pages.

- « **Maître Titinga Frédéric PACERE, Origines d'une Vie** » par Madame KABORE-LOUGUET Hortense ; Editions L'Harmattan Paris 1999, 226 pages.

- AMOA Urbain « **Poétique de la Poésie des Tambours** », Editions l'HARMATTAN, Paris, 2002 (Langage tambouriné : Poétique et esthétique de PACERE Titinga).

- AMOA Urbain « **Entretien avec Maître PACERE Titinga Frédéric ou 360 minutes à l'ombre du Sahel** » fascicule tiré à part, et IN « Poétique de la Poésie des Tambours ». Ed. L'HARMATTAN, Paris, 2002.

- Sœur Zongo Rachel (**Thèse d'Etat soutenue à ROME 2006**)

FONDATION PACERE

- Musée de Manéga (Maître Pacéré)

Site Web : http://www.musee-manega.bf
OUAGADOUGOU 01 – BURKINA FASO

- PACERE-CYBER-BIBLIOTHEQUE ET TRAVAUX

Site Web : http://www.pacere-bangre.com

TABLE DES MATIERES

L'HARMATTAN, ITALIA
Via Degli Artisti 15 ; 10124 Torino

L'HARMATTAN HONGRIE
Könyvesbolt ; Kossuth L. u. 14-16
1053 Budapest

L'HARMATTAN BURKINA FASO
Rue 15.167 Route du Pô Patte d'oie
12 BP 226
Ouagadougou 12
(00226) 76 59 79 86

ESPACE L'HARMATTAN KINSHASA
Faculté des Sciences Sociales,
Politiques et Administratives
BP243, KIN XI ; Université de Kinshasa

L'HARMATTAN GUINÉE
Almamya Rue KA 028
En face du restaurant le cèdre
OKB agency BP 3470 Conakry
(00224) 60 20 85 08
harmattanguinee@yahoo.fr

L'HARMATTAN CÔTE D'IVOIRE
M. Etien N'dah Ahmon
Résidence Karl / cité des arts
Abidjan-Cocody 03 BP 1588 Abidjan 03
(00225) 05 77 87 31

L'HARMATTAN MAURITANIE
Espace El Kettab du livre francophone
N° 472 avenue Palais des Congrès
BP 316 Nouakchott
(00222) 63 25 980

L'HARMATTAN CAMEROUN
Immeuble Olympia face à la Camair
BP 11486 Yaoundé
(237) 458.67.00/976.61.66
harmattancam@yahoo.fr

10433 - mai 2010
Achevé d'imprimer par
1livre.com

Made in the USA
Middletown, DE
04 November 2026

36541614R10157